Johann Willsberger · Reiseland DDR

Johann Willsberger

Reiseland DDR

Traumstraßen durch das andere Deutschland

*Mit einem einleitenden Essay
von Thilo Koch*

C. Bertelsmann

Quellennachweis:
© Ricarda Huch: Im alten Reich. Lebensbilder deutscher Städte.
Der Norden – die Mitte – der Süden. Verlag Carl Ed. Schünemann KG, Bremen 1960.
© Reinhard Piper: Nachmittag. R. Piper Verlag, München 1950.
© Kurt Tucholsky: Gesammelte Werke. Rowohlt Verlag GmbH, Reinbek 1960.
© Gerhart Hauptmann: Verlag Ullstein GmbH, Frankfurt/M.-Berlin.
© Werner Bergengruen: Gekürzte Auszüge aus Werner Bergengruen:
Deutsche Reise. Verlags AG Die Arche; Zürich 1959.

Das vorliegende Buch erschien 1974 unter dem Titel
„Traumstraßen durch das andere Deutschland"
mit einem Vorwort von Janko Musulin im Verlag Fritz Molden,
Wien–München–Zürich

1990 © C. Bertelsmann Verlag GmbH, München
Satz: Topstudio/Linz
Druck: C&E. Grosser, Linz
Bindearbeit: Wiener Verlag, Wien
Printed in Austria · ISBN 3-570-07104-9

Inhalt

Vorwort von Thilo Koch	*6*
Hiddensee	*16*
Ricarda Huch: Stralsund	*26*
Reinhard Piper bei Barlach in Güstrow	*40*
Kurt Tucholsky: Rheinsberg	*50*
Theodor Fontane: Chorin	*54*
Heinrich Heine: Unter den Linden in Berlin	*56*
Friedrich der Große: Sansscouci	*68*
Theodor Fontane: Spreewald	*72*
Novalis: Wörlitz	*78*
Ricarda Huch: Halle	*84*
Johann Wolfgang von Goethe: Leipzig	*86*
Hans Christian Andersen: Meißen	*94*
Gerhart Hauptmann: Dresden	*98*
Hans Christian Andersen: Sächsische Schweiz	*110*
Werner Bergengruen: Saalfeld	*115*
Germaine de Staël: Weimar	*118*
Johann Wolfgang von Goethe: Gartenhaus in Weimar	*120*
Ricarda Huch: Erfurt	*134*
Werner Bergengruen: Reise durch Thüringen	*137*
Wartburg	*142*
Friedrich Rückert: Kyffhäuser	*148*
Heinrich Heine: Harzreise	*150*
Reiseführer und Karten	*161*

Thilo Koch
Das andere Deutschland

Im anderen Deutschland liegt meine Heimat. Das andere Deutschland erlebt eine Revolution, während ich dieses Vorwort schreibe. Womöglich wird das andere Deutschland gar nicht mehr „das andere" sein, wenn dieses Buch über seine Traumstraßen erscheint. Darf man in dieser Situation überhaupt träumend und träumerisch über „die DDR" nachsinnen, die unter diesem Namen vielleicht das Jahr 1990 nicht überlebt? Oder soll man das erst recht tun, vor allem für Leser in der Bundesrepublik Deutschland, die kaum noch wissen, wie deutsch das andere Deutschland ist und wieviel die deutsche Kultur diesen Landschaften und Provinzen zwischen Ostsee und Erzgebirge, Elbe und Oder verdankt?

Ich beantworte diese Frage mit einem uneingeschränkten Ja, weil ich von den eigenen Kindern und Kindeskindern weiß, daß zwei jüngere Generationen in Westdeutschland durch die Abriegelung Mitteldeutschlands nicht einmal mehr ahnen, was Weimar und Wittenberg, Rostock und Dresden für Deutschland und für Europa bedeutet haben. Um es sofort mit wenigen Stichworten zu umreißen: Goethe und Luther, die Hanse und die einst schönste deutsche Stadt, Dresden. „Deutschland, einig Vaterland", rufen in diesen Tagen Millionen in Leipzig und Schwerin, in Erfurth und Frankfurt an der Oder. Und im östlichen Teil der alten deutschen Hauptstadt, in Berlin, versuchen die Sprecherinnen und Sprecher des neuen demokratischen Aufbruchs, dem „anderen Deutschland" die gerade erkämpfte Freiheit durch eine rechtstaatliche Ordnung zu sichern.

Die Straßen der großen, der bahnbrechenden Demonstrationen sind keine Traumstraßen, sondern das Gegenteil davon. Sie sind und schaffen die neue Wirklichkeit im anderen Deutschland. Muß nicht dieser Realität die ganze Aufmerksamkeit aller Deutschen in West und Ost gehören? Blättern wir im Bildteil dieses Buches, das hier eingeleitet wird, werden wir entführt in verwunschene Parklandschaften, an die Ufer stiller Seen, in Wälder und Berge, wo die alten deutschen Märchen sich abgespielt haben könnten. Wir sehen das Schloß Rheinsberg, wo Friedrich der Große musizierte und Kurt Tucholsky seine schönste Liebesgeschichte schrieb. Durch die Zwillingstürme der Marktkirche in Halle an der Saale grüßt ein guter Mond. Wir vermeinen das Glockenspiel aus weißem Meißner Porzellan im Eingangspavillon des Dresdner Zwingers zu hören, wenn wir Johann Willsbergers schönes Photo von diesem Motiv betrachten.

Der romantische Deutsche

Man sagt uns Deutschen eine romantische Seele nach. Allzugern seien wir immer wieder vor den häßlichen Widersprüchen unserer politischen und gesellschaftlichen Realitäten geflüchtet in die schönen Traumwelten unserer Musik, unserer Dichtung. Daher komme unsere tiefe Liebe zum Wald, zu den Sagen des Mittelalters, zu Burgruinen und Fachwerkhäusern, alten Domen und grünen Alleen. Nun, wenn dem so ist, so brauchen wir uns dieser Komponente unseres Nationalcharakters sicher nicht zu schämen, solange Flucht in die Romantik nicht bedeutet: Verzicht auf tätige und verantwortliche Mitwirkung in Staat und Gesellschaft und Wirtschaft. Gerade die Menschen im anderen Deutschland sind nicht mehr unpolitisch. Im Gegenteil, es ist atemberaubend, wie klug, entschlossen und friedfertig sie nach mehr als vier Jahrzehnten der Bevormundung und Unterdrückung ihr Selbstbestimmungsrecht entdecken und ausüben. Alles dies steht heute ganz und gar im Vordergrund: Runder Tisch, Montagsdemonstrationen, freie Wahlen, Kampf gegen Korruption, die Wahrheit über Umweltzerstörung und Rechtsbrüche aller Art während der vierzig Jahre DDR.

Aber müssen wir inmitten der Faszination, der Ergriffenheit von diesem in Deutschland so nie erlebten Kampf für Einigkeit und Recht und Freiheit vergessen, auf welchem Untergrund er sich abspielt? In Eisenach und um die Wartburg herum jubeln hunderttausend Menschen 1990 Willy Brandt zu. In einer Kammer dieser alten Wartburg saß 1521 Martin Luther und übersetzte die Bibel ins Deutsche. Von der Nikolaikirche in Leipzig gingen die Menschen mit Kerzen in der Hand zur entscheidenden Demonstration am 9. November 1989, die um ein Haar blutig niedergeschlagen worden wäre. An der Leipziger Thomaskirche war Johann Sebastian Bach von 1723 bis zu seinem Tode 1750 Thomaskantor. Hier wurden unzählige seiner Kantaten und Orgelwerke uraufgeführt, hier wurde er beigesetzt.
Die lange Ostseeküste Mecklenburgs zwischen Lübecker Bucht und Pommerscher Bucht ist heute die Nordgrenze der DDR. Wir brauchen dieser wichtigen Tatsache wegen nicht zu vergessen, daß Caspar David Friedrich bei Greifswald und auf der Insel Rügen einige seiner schönsten Bilder malte, das 1818 entstandene vom Kreidefelsen, dem Königsstuhl, zumal. Und auf der kleinen Nebeninsel Hiddensee liegt Gerhart Hauptmann begraben, der größte Dichter Schlesiens, dessen Drama „Die Weber" der sozialen Revolution in Deutschland Auftrieb gab. Werft und Hafen von Stralsund sind im anderen Deutschland ein bedeutender Wirtschaftsfaktor. In diesem Buch sehen wir, daß sich am Marktplatz von Stralsund eines der schönsten Bauwerke niederdeutscher Backsteingotik erhebt, das alte Rathaus, in dem sich 1628 die Bürger der Ostseestadt um ihren Bürgermeister scharten und schworen, daß sie sich niemals Wallenstein ergeben würden, dem Feldherrn, der im unseligen Dreißigjährigen Krieg die Kaiserlichen Truppen befehligte.
Deutschland ruht wie jedes andere große Land auf breitem historischen Sockel. Ein Land ist ebensowenig wie ein einzelner Mensch denkbar und verständlich ohne den Wurzelgrund seiner Herkunft. Deutschland hat wie alle europäischen Staaten eine wechselvolle und an Widersprüchen reiche Geschichte. In unserem Jahrhundert, das nun dem Ende entgegengeht, war die deutsche Geschichte trotz nationaler Aufschwünge und gewaltiger Erfolge vor allem auf wirtschaftlich-technischem und wissenschaftlichem Gebiet am Ende eine Folge großer Zusammenbrüche nach schrecklichen Kriegen. Die zweite Hälfte des Jahrhunderts führte zu einer getrennten und gegensätzlichen Entwicklung in zwei Teilen Deutschlands. So konnte es geschehen, daß die Nachkriegsgenerationen den jeweils anderen Teil Deutschlands als fremd empfinden, als fern, unerreichbar, ja unwirklich und letzten Endes sogar uninteressant.

Die Mauer fiel

1990 beginnt wieder zusammenzuwachsen, was zusammengehört, die Mauer fiel in Berlin, und die Stacheldrähte, Panzergräben, Minengürtel zwischen Lübeck und Hof, 1300 Kilometer lang, werden abgeräumt von denen, die sie errichteten. Die große Entdeckungsreise hat begonnen, von Ost nach West und von West nach Ost. Zum ersten Mal seit 1945 können die Deutschen, alle Deutschen, ihr Deutschland, das ganze Deutschland kennenlernen. Man sagt nicht zuviel, wenn man das eine historische Stunde nennt. Wer sich nun das bisher „andere" Deutschland erschließen will, wird sehen, daß es im Grunde das eigene Deutschland ist. Woher zum Beispiel kommt im weitesten Sinne die moderne Architektur? Aus Dessau, einer deutschen Stadt in der Provinz Sachsen-Anhalt. Wo die Mulde in die Elbe mündet, erfanden Walter Gropius und seine Mitarbeiter von 1925 bis 1932 jenen neuen Stil des Bauens und Wohnens, der sich die Welt eroberte – im „Bauhaus", der berühmtesten Gestaltungsschule des 20. Jahrhunderts.

Unweit der anhaltinischen Fürstenresidenz Dessau schuf der Gartenarchitekt Friedrich Wilhelm von Erdmannsdorff gegen Ende des 18. Jahrhunderts den ersten und noch immer schönsten deutschen Landschaftspark nach englischem Vorbild. Es war hier, wo der dreißigjährige Goethe 1778 eine Fahrt durch den Wörlitzer Park und am See entlang „wie das Vorüberschweben eines leisen Traumbildes" empfand. Die Traumstraßen im anderen Deutschland, die dieses Buch in Erinnerung ruft, brauchen glücklicherweise nicht mehr nur in der Phantasie vorüberzuschweben. Jedermann kann sie befahren, begehen, erfühlen und erleben. Übrigens nicht nur zu Lande. Auch einige Wasserstraßen im anderen Deutschland sind „traumhaft" schön, allen voran die berühmte Dampferfahrt elbaufwärts durchs Elbsandsteingebirge, durch die Sächsische Schweiz.

Mitteldeutschland ist gesegnet mit malerischen Flußläufen und Seen. Einige darf man getrost einzigartig nennen, die Mecklenburgische Seenplatte zumal und den Spreewald nördlich von Cottbus. Die geologische Entstehung dieser Landschaften hängt zusammen mit der Bildung jener Urstromtäler, die die Eiszeit in der Norddeutschen Tiefebene ausformte und hinterließ. Elbe und Havel bewässern ein solches Urstromtal, hier entstanden in Jahrmillionen die für Brandenburg-Preußen charakteristischen Landschaften: Sandboden, Kiefern und Birken, weiter Horizont, hoher Himmel. Diese flache nördliche Hälfte der DDR geht südwärts über in die zweite Großlandschaft des Territoriums, die Mittelgebirge Thüringens und Sachsens. Harz und Thüringer Wald grenzen Mitteldeutschland nach West-Südwest zur Bundesrepublik hin ab, das Erzgebirge südöstlich zur Tschechoslowakei. Das Wort abgrenzen dürfen wir fortan durch verbinden ersetzen.

Diese Höhenzüge waren grüne Lungen im Zentrum Deutschlands, bevor eine rücksichtslose Industrialisierung ihre Wälder zum Teil kaputt machte und ihre Flüsse und Bäche verschmutzte. Dennoch gibt es auch heute hier noch wildromantische Täler und Höhen, die zum Wandern einladen. Harzstädte wie Wernigerode und Quedlinburg bewahren viel von ihrer mittelalterlichen Fachwerkgemütlichkeit. Gibt es überhaupt eine schönere Fachwerkarchitektur als die des Rathauses von Wernigerode? Kaiser Friedrich I., genannt Barbarossa, wartet im thüringischen Kyffhäuser auf seine Wiederkehr in ein einiges Deutschland. Was da kommen mag und was die meisten Menschen im anderen Deutschland herbeisehnen, wird kein Kaiserreich sein, ja überhaupt kein „Reich", kein Imperium, sondern ein demokratisch-föderalistischer Bundesstaat.

Dann wird Thüringen wieder das Nachbarland Hessens sein, Sachsen-Anhalt sich von Niedersachsen nur durch einige farbige Hinweisschilder abgrenzen, von Mecklenburg wird man nach Schleswig-Holstein fahren, ohne eine Landesgrenze wahrzunehmen. Zum Quintett der fünf mitteldeutschen Länder gehört als viertes Sachsen mit einer nur kleinen gemeinsamen Grenze mit Bayern zwischen Vogtland, Frankenwald und Fichtelgebirge – als fünftes in der Mitte Brandenburg mit Berlin, der alten Hauptstadt Deutschlands. Niemand kann und will Preußen wieder erstehen lassen, das unter den Hohenzollern so gewaltig aufstieg, unter Bismarck das nur dreiundvierzig Jahre dauernde wilhelminische Reich schuf und durch einen Größenwahnsinnigen 1945 unterging.

Unglückliches Preußen

Auch dieses Preußen jedoch hinterließ seine Baudenkmäler und durchaus auch seine Traumstraßen, vor allem natürlich in Berlin. Gehört nicht die einstige Prachtstraße „Unter den Linden" dazu? Mitsamt dem Tiergarten, versteht sich, heute nicht mehr getrennt davon, sondern damit verbunden durchs Brandenburger Tor. Friedrich der Große wußte, warum er nicht im riesigen Stadtschloß, das Schlüter erbaute, und auch nicht im viel anmutigeren Schloß Charlottenburg leben mochte, sondern in Potsdam, wo ihm Knobelsdorff dieses einmalige Kleinod schuf: Sanssouci. Auch Potsdam wurde im Krieg sinnlos verwüstet, aber knap ein halbes Jahrhundert später ist der Spaziergang über die Glienicker Brücke zu Schinkels Schloß Kleinglienicke wieder möglich.

Berlin tritt in diesem Buch nicht angemessen in Erscheinung. Diese einzige wahre Metropole, die Deutschland je hervorbrachte, verdient und fordert eine eigene Würdigung, besonders da die Vision einer auferstehenden vereint-einigen neuen Hauptstadt wieder möglich wurde. Das würde den in diesem Buch durch Thema und Konzeption vorgegebenen Rahmen sprengen, den Ereignissen wohl auch zu sehr vorauseilen. „Traumstraßen durch das andere Deutschland" – diese Bilder und Informationen wollen erinnern und bewahren helfen. Sie wollen hinführen zu jenem „ewigen Vorrat" deutscher Landschaften, Städte und Denkmäler, die zu uns gehören, ohne die unser Land ein unerträglich verstümmelter Torso wäre. So begegnet uns das unglückliche Preußen in diesem Buch nur in einigen Bildern und Texten, die an ein älteres, glücklicheres Preußen erinnern.

Theodor Fontane, hugenottisch-französischer Abstammung wie so viele bedeutende Preußen, wurde in dem brandenburgischen Landstädtchen Neuruppin geboren, wo auch der bedeutendste Architekt Preußens im 19. Jahrhundert aufwuchs, Karl Friedrich Schinkel. Der prägte wie kein anderer das Gesicht des kaiserlichen Berlin, und das nicht nur im repräsentativen Zentrum, sondern auch mit dem liebenswürdigen kleinen Schlößchen im Tegeler Forst, das die Familie Humboldt bewohnte. Wenn wir unter dem anderen Deutschland auch das geistige Deutschland verstehen dürfen, dann sind Alexander von Humboldt für die Naturwissenschaften, Wilhelm von Humboldt für Geisteswissenschaften, Literatur und Staatskunst zwei Namen, auf die jeder Deutsche stolz sein kann – preußische Namen notabene.

Fontanes „Wanderungen durch die Mark Brandenburg" sind ein einzigartiges literarisch-touristisches Denkmal für einen Teil Deutschlands, der weiß Gott nicht zu den prächtigsten, den aufregenden – gewiß auch nicht zu den romantischen gehört. Warum dann spricht die Ruine des gotischen Klosters Chorin in der Uckermark, errichtet aus roten Backsteinen, so zu unserem Herzen? Weil hier sieben Markgrafen der Askanier begraben liegen, der letzte, Waldemar, starb 1319? Nein, aber Fontane sagt es: „Chorin ist keine jener lieblichen Ruinen, darin sich's träumt wie auf einem Frühlingskirchhof ... die Poesie dieser Stätte ist wie ein romantisches Bild ..." Ein anderes märkisches Bild taucht auf aus der persönlichsten Erinnerung des Schreibers dieser Zeilen: Himmelpfort, tatsächlich der Name eines Dorfes, am Stolpsee gelegen – das Ufer mit Schilf im Wind, ein Sommertag, der Frieden atmet, aber es ist Krieg, und zwei Menschen ruhen hier, wissen nicht, was aus ihnen, was aus Deutschland werden soll, sie sind dennoch glücklich, sie hoffen.

Wiedersehen nostalgisch

Auch heute, fünfzig Jahre später, hoffen die Menschen – in Himmelpfort und überall im anderen Deutschland. Viele sind gegangen, seit der Weg über Ungarn frei wurde und danach die Grenze zur Bundesrepublik sich öffnete, die Berliner Mauer zum Souvenirsteinbruch wurde. Der Exodus hält an, die Bevölkerungszahl sank auf weniger als sechzehn Millionen. Es sind nicht die Traumstraßen dieses Buches, die die Übersiedler in ihren Trabbis benützen. Sie lassen bewußt die Traumstraßen zurück und wissen dabei, daß sie Heimweh nach ihnen bekommen werden. Auch ich bin dieses Heimweh nie losgeworden, obwohl ich nun schon vierundvierzig Jahre Zeit dazu hatte und meine Heimat, ein Dorf mit Braunkohlenfabrik in der Niederlausitz – Plessa an der Schwarzen Elster –, nicht gerade eine Idylle war.

Ich habe es wiedergesehen, die Spuren des Krieges noch immer sichtbar, unser Haus eine Altbauruine, der Wald vom Tagebau zerstört, die ganze Region eine ökologische Katastrophe. Aber der Efeu am Grab des Vaters ist noch immer grün, und die Pappelallee, die von Norden her durch eine Ebene mit Namen Schraden führt, ist ganz wie damals. Es war eine enge Welt für uns, aber das Kind, der Jugendliche fand genug darin, was er lieben konnte. Es wird heute hier nicht anders sein. An der Chaussee nach Elsterwerda, wo im schönen Elsterschloß unsere Schule war, stehen noch viele alte Apfelbäume, wir sammelten, wenn wir mit dem Fahrrad nach Hause fuhren, die besten Falläpfel auf, und auch das wird noch heute so sein, in der dritten oder vierten Schülergeneration danach.

Gehört Nostalgie in diesen einleitenden Essay? Natürlich, denn Traumstraßen können gar nicht anders als nostalgisch verstanden werden. Bei uns in der Bundesrepublik bückt sich kaum noch ein Kind nach Fallobst, der Supermarkt bietet Früchte aus aller Welt das ganze Jahr über, darunter makellose Äpfel von den Obstplantagen Südtirols. Jener merkwürdige Zauber, den „das alte Deutschland" mit seinen Traumstraßen auf uns ausübt, er hängt natürlich damit zusammen, daß das andere Deutschland ökonomisch zurückblieb, seine Menschen bescheidener leben. Aber auch hier ist der Grad der Motorisierung relativ hoch, trotz erbärmlicher Straßen und rücksichtsloser Umweltbelastung. Nur – die totale Modernisierung, die die Bundesrepublik zur halbamerikanisierten Schweiz machte, die fand drüben nicht statt. Zweifellos wird sie nun nachgeholt werden, und wenn sich das Rad der Geschichte in der eingeschlagenen Richtung weiterdreht, dann in atemberaubendem Tempo.

Was mag das bedeuten für die Traumstraßen? Breite Asphaltbänder mit solidem Unterbau statt der Alleen neben brüchigem Pflaster? Touristenströme stracks durch die Schorfheide, auf Usedom, hinauf zur Roßtrappe im Harz, an Goethes Gartenhäuschen im Weimarer Park vorbei, zum Giebichenstein bei Halle an der Saale, nach Oberwiesenthal und Bad Schandau und natürlich zur Moritzburg bei Dresden, dem prächtigsten Jagdschloß des pompösesten Fürsten im Ancien régime, August dem Starken? Alles mit Katalysator dann, zügige Bedienung in den Ausflugslokalen, Hotelbetten reichlich und vor allem: kein Schlangestehen mehr. Wer hätte die Stirn, den Menschen im anderen Deutschland die bessere Lebensqualität nicht zu gönnen, zu wünschen? Sonst werden die fünf deutschen Provinzen Mitteldeutschlands sich entvölkern, denn von Romantik kann niemand leben. Außerdem hätte es hier auch bald keine Traumstraßen mehr gegeben, wenn die brutale Ausbeutung von Natur und Mensch im Namen des „Sozialismus" weiter fortgeschritten wäre.

Unfair wäre es, nicht anzuerkennen, was trotz allem an Restaurierung geschehen ist. Aber ... der wiederaufgebaute Dresdner Zwinger verfällt schon wieder, und das königliche Schloß nebenan besteht nur noch aus notdürftig abgestützten Außenmauern. Das Beispiel, dem hunderte hinzugefügt werden könnten, zeigt wie dringend nötig Kapital und Baukapazität sind, um auch nur die wichtigsten und schönsten Baudenkmäler im anderen Deutschland zu retten. Hinzu kommen Stadtteile und Dörfer, deren alte Bausubstanz verloren ist, wenn nicht sofort etwas geschieht. Und wie nahe die Naturschönheiten daran sind zu kippen, das begreift, wer das Baumsterben in den Wäldern Mitteldeutschlands einmal mit eigenen Augen wahrgenommen hat. Gewiß gibt es das auch im Schwarzwald und in den Alpen, die Natur ist überall bedroht, wo die entfesselten Kräfte der Industrie den Ton angeben. Aber Ausmaß und Tempo der Zerstörung sind im Machtbereich des „real existierenden Sozialismus" größer, unheimlicher, schwerer zu stoppen.

Kleines Land – große Geschichte

Der andere Teil Deutschlands, die DDR, umfaßt 108.000 Quadratkilometer Bodenfläche – die Bundesrepublik Deutschland demgegenüber 249.000. Die Vereinigung beider Teile Deutschlands ergäbe ein Territorium von 357.000 Quadratkilometern. Das wäre eine geographische Ausdehnung, die noch weit hinter derjenigen anderer europäischer Länder zurückbliebe, das französische Staatsgebiet hat mehr als 500.000 Quadratkilometer. Der nüchterne Zahlenvergleich zeigt, daß das andere Deutschland, dem dieses Buch gewidmet ist, ein vergleichsweise kleines Gebiet im Herzen Europas darstellt – selbst die Ausdehnung der benachbarten Tschechoslowakei ist etwas größer, mit etwa fünfzehn Millionen Einwohnern. In diesem Teil Deutschlands und Zentraleuropas hat sich auf engem Raum ungeheuer viel historisch Bedeutsames ereignet, und davon legen die Bilder und Informationen auch dieses Buches beredt Zeugnis ab.

Um es noch einmal stichwortartig in Erinnerung zu rufen: die Reformation Martin Luthers und das Weimar Goethes und Schillers, die Hanse und Dresden – vor allem aber Berlin, die Residenz der brandenburgischen Kurfürsten, der preußischen Könige und deutschen Kaiser, die Weltmetropole, die es mit jeder anderen Hauptstadt Europas aufnehmen konnte, in den legendären zwanziger Jahren sogar eine Faszination ausübte, die derjenigen von Paris, London, Rom nicht nachstand. Die Bücher- und Messestadt Leipzig, die Hafenstädte an der Ostsee, Zeiß in Jena – das andere Deutschland ist nicht nur unermeßlich reich an kulturellem Erbe, es vollbrachte auch in Wirtschaft und Handel, Technik und Wissenschaften Außerordentliches. In diesem Buch soll der Leser jedoch eher an die unverdorbenen Schönheiten der Natur, an Baudenkmäler und Stätten großer geistiger Leistungen herangeführt werden. Für jenen Bereich der Kultur, der sich der Darstellung in Wort und Bild naturgemäß entzieht, bei der Musik, kann dies nur indirekt gelingen, etwa durch das Photo vom Johann-Sebastian-Bach-Denkmal vor der Thomaskirche in Leipzig. Bach in Eisenach und Friedrich der Große in Potsdam, Georg Friedrich Händel in Halle, Richard Wagner in Leipzig, Robert Schumann in Zwickau, Friedrich Liszt in Weimar – bereits diese wenigen Namen signalisieren, daß die große deutsche Musik zu einem ganz wesentlichen Teil aus Sachsen kommt. Die Opernhäuser in Dresden und Berlin hatten im 19. und in der ersten Hälfte des 20. Jahrhunderts Weltrang, dazu die berühmten Konzertvereinigungen, ihre Orchester und Chöre wie die Leipziger Thomaner oder das Gewandhausorchester.

In Berlin Mitte, dem Bezirk, der bis vor wenigen Monaten dicht hinter der Mauer begann, befindet sich einer der vielen schönen Friedhöfe der alten Hauptstadt, der Dorotheenstädtische. Wer die Chausseestraße entlanggeht, kann ihn leicht übersehen, er liegt klein und eingeklemmt zwischen häßlichen Seitenfronten alter, grauer Mietshäuser. Aber hinter dem hohen eisernen Gitter fanden ihre letzte Ruhe: Georg Wilhelm Friedrich Hegel, Johann Gottlieb Fichte, Gottfried Schadow, Karl Friedrich Schinkel und in neuerer Zeit Bertolt Brecht und Heinrich Mann. Sie alle lebten und wirkten in Berlin. Ihre Gräber sind gepflegt, mit frischen Blumen bedeckt. Ein Volk, das seiner großen Toten nicht mehr gedenkt, verliert an Identität. Allerdings, was Größe sei, darüber denkt der Zeitgeist wankelmütig.

Die schönsten Kirchen

Ich habe vor kurzem Eisleben besucht, wo meine Mutter im Hause neben dem Lutherhaus geboren wurde. Gräber meiner Familie, die seit der Lutherzeit in Eisleben ansässig war, fand ich nicht mehr. Des Reformators wird hier würdig gedacht, niemand darf ihm Größe absprechen, sei er Protestant, Katholik oder Atheist. Aber auch Luther war ein Mensch, der irren konnte, dessen Kampf um den rechten Glauben nicht nur Gutes bewirkte, sondern auch viel Unfrieden und Krieg. Die Menschen im anderen Deutschland sind überwiegend evangelisch. Von evangelischen Kirchen ging ganz wesentlich der Erneuerungsprozeß 1989/90 aus, in den Gotteshäusern sammelten sich die neuen Protestanten gegen die neuen Unterdrücker, fanden und bekannten hier ihren Mut zum Widerstand.

Deutschland ist reich an großartigen Kirchenbauten. Einige prägen das Bild der Städte in Mitteldeutschland besonders eindrucksvoll. An einer Pforte der Stadtkreiskirche St. Marien in Wittenberg befestigte Luther seine neunundneunzig Thesen, die die Welt veränderten. Die katholische Kirche in der DDR besitzt einen baulichen Höhepunkt inmitten der sonst protestantischen Stadt Erfurt: Dom und Severikirche auf dem Domhügel. Bonifatius errichtete schon 742 in Erfurt sein Bistum. 1392 wurde in Erfurt eine der ältesten deutschen Universitäten gegründet, Ulrich von Hutten kämpfte hier Anfang des 15. Jahrhunderts für den Humanismus. Im Erfurter Dom steht eine der schönsten romanischen Großplastiken, der bronzene Kerzenträger „Wolfram" aus dem Jahre 1160.

Um die gleiche Zeit fand man im sächsischen Freiberg reiche Silberadern. Der Ort, in der Mitte zwischen Chemnitz und Dresden gelegen, „boomte", wie man heute sagen würde. Eine später weltberühmte Bergakademie entstand in Freiberg, und von der mehrfach zerstörten Freiberger Marienkirche blieb ein Werk von europäischem Rang, die Goldene Pforte, 1230 fertiggestellt. Sie ist das früheste Zeugnis mitteldeutsch-staufischer Skulptur. Im Freiberger Dom schuf der bedeutendste deutsche Orgelbauer, Gottfried Silbermann, 1714 seine erste große Orgel, von der sein Ruhm ausging. Die Stadt Freiberg ist ein Beispiel für frühe Industrieentwicklung, die die Wissenschaften förderte und auch herausragende Sakralbauten ermöglichte.

Am Magdeburger Dom, Wahrzeichen der Stadt an der Elbe, wurde dreihundert Jahre lang gebaut. Glücklicherweise hielt er den Bomben des Zweiten Weltkrieges stand. Basilika, Kapellenkranz und Türme sind Höchstleistungen deutscher Baukunst. Auch Meisterwerke der Skulptur sind im Magdeburger Dom bewahrt, darunter der romanische Zyklus der klugen und törichten Jungfrauen und aus der Gegenwart Ernst Barlachs Ehrenmal für Gefallene des Ersten Weltkrieges. Wer schöne Bauwerke nicht nur in großen Städten sucht, wird in Mitteldeutschland schnell fündig. Wenige Kilometer nördlich von Magdeburg liegt bei Tangermünde das Städtchen Jerichow. Die Klosterkirche von Jerichow ist ein besonders klares, unverfälschtes Beispiel frühromanischer Backsteinbaukunst. Die feierliche Strenge des Innenraums entsteht durch eine ruhig schreitende Bogenfolge und durch den leuchtend roten Stein.

Zwei Kirchen bestimmten das schönste deutsche Stadtpanorama, das es je gab, das südliche Elbufer der Dresdner Altstadt. Die Frauenkirche wird von der Kunstgeschichte als bedeutendster protestantischer Kirchenbau des Barock nördlich der Alpen bezeichnet. Die katholische Hofkirche inmitten von Brühlscher Terrasse, Zwinger und Augustusbrücke plante August der Starke, nachdem er zum Katholizismus übergetreten war. Beide Kirchen wurden wie die gesamte Dresdner Altstadt am 14. Februar 1945 durch den Angriff britischer und amerikanischer Bomberflotten zerstört – in meinen Augen eines der großen Verbrechen gegen die Menschlichkeit und an der europäischen Kultur. Die Ruine der Frauenkirche blieb als Mahnmal stehen, die Hofkirche wurde wiederaufgebaut.

Selbst in einer Reihe ganz flüchtiger Hinweise auf bedeutende Kirchen in Mitteldeutschland darf der Naumburger Dom St. Peter und Paul nicht fehlen. Als revolutionär gilt die Aufstellung von zwölf weltlichen Stifterfiguren in einem Domchor, der bis dahin dem Klerus vorbehalten war. Der Naumburger Bildhauer, dessen Name nicht überliefert ist, war in Deutschland der erste, der – etwa 1250 – Stifterfiguren mit persönlichem Ausdruck in Miene und Gebärde schuf. Am berühmtesten sind die Uta und der Ekkehard, deren lebendige Vorbilder Ekkehard II. von Meißen und seine Gemahlin Uta von Ballenstedt-Askanien waren.

Elbe, Ilm und Brocken

Meißen, tausend Jahre alt, liegt wenige Kilometer flußabwärts von Dresden entfernt hoch über der Elbe inmitten einer besonders fruchtbaren Landschaft; hier gedeiht sogar Wein. Vor allem aber gedieh in Meißen eine Porzellanmanufaktur, die den Namen der sächsischen Stadt weltberühmt machte. Tafelgeschirr mit den gekreuzten blauen Schwertern gehört zum schönsten und kostbarsten europäischen Porzellan, seit dem 18. Jahrhundert bis heute. August der Starke hatte den Alchemisten Johann Friedrich Böttger beauftragt, weißes Hartporzellan zu erfinden. 1708/09 gelang das Experiment – es war buchstäblich Gold wert, denn bisher hatten die europäischen Fürstenhäuser ihren erheblichen Porzellanbedarf mit teurem „China" gedeckt, noch heute das englische Wort für Porzellan.

Man befürchtete in Sachsen die Entführung Böttgers oder die Entdeckung seiner Produktionsgeheimnisse. Deshalb brachte man die „Curfürstlich Sächsische Porcelaine-Fabrique" an sicherem Ort unter, auf der Albrechtsburg in Meißen. Zunächst wurde in Meißen nach chinesischen Vorbildern gefertigt. Böttger holte erfahrene Keramiker nach Sachsen. 1731 kam der Bildhauer Johann Joachim Kändler, und ihm gelang es, einen eigenständigen Stil durchzusetzen, der das Tafelgeschirr und die Porzellanfiguren des Spätbarock und des Rokoko in ganz Europa prägte. Aus dem Städtenamen Meißen wurde der Begriff für feinstes Porzellan überhaupt.

Am Flüßchen Ilm, das in die Saale mündet, liegt Weimar. Goethe fuhr und wanderte gern flußaufwärts, bis er auf dem Kamm des Thüringer Waldes ihr Quellgebiet erreichte. Dort, bei Ilmenau, auf einem Berg mit dem lustigen Namen Kickelhahn, schrieb Goethe 1780, er war zweiunddreißig Jahre alt, eines der schönsten und tiefsten Gedichte deutscher Sprache: „Über allen Gipfeln ist Ruh ..." Mein Vater stieg mit mir hinauf zum Goethehäuschen und erklärte dem Kind die Bedeutung des Ortes. Seine Ehrfurcht übertrug sich so, daß ich sie bis heute nachempfinden kann. Wenige Kilometer südlich von Ilmenau verlief, was bis vor kurzem die am besten bewachte Grenze der Welt war.

Noch dichter an dieser gespenstischen Trennungslinie zwischen zwei Welten, die buchstäblich wie ein Gespenst fast über Nacht verschwand, liegt der höchste Berg des Harzes, der Brocken (1142 m). Es war nicht weit dorthin von Halle an der Saale, wo ich geboren bin. Bei gutem Wetter und klarer Sicht kann man weit rundum blicken vom Brocken, in beide Welten hinein, in die westliche und in die sogenannte „östliche", die nie etwas anderes war als eine mitteldeutsche, zentraleuropäische. „Dort," sagte der Vater und deutete vom Brocken aus ostwärts, „dort liegt Straßfurt und dicht dabei das Kalibergwerk, in dem mein Vater, dein Großvater, als Obersteiger tödlich verunglückte."

Darf ein Essayschreiber sein Thema so persönlich angehen? Ich könnte es nicht anders – bei diesem Buch und in diesen Tagen. Denn wir haben es doch nicht mehr zu hoffen gewagt, daß wir erleben würden, was nun geschieht, wir älteren Deutschen. Und die jüngeren Deutschen waren gleichgültig geworden oder anders orientiert – hüben kosmopolitisch, drüben „ostgeblockt". Wird also, wie ich schon eingangs fragte, das andere Deutschland bald nicht mehr anders sein? Es wird sich politisch-ökonomisch angleichen, und das ist gut so, herbeigesehnt von den sechzehn Millionen in diesem Teil Deutschlands. Aber irgendwie werden sie doch immer ein wenig anders bleiben, die mitteldeutschen Provinzen, denn sie waren ja immer anders als West- und Süddeutschland. Inwiefern? Davon erzählt in Bild und Wort dieses Buch auf jeder Seite.

Thilo Koch

Wie das „Vorüberschweben eines leisen
Traumbilds" (Goethe über den Wörlitzer Park)
erscheint das Land zwischen
Ostsee und Thüringer Wald. Ein Traumbild,
das den Zauber der Landschaft erkennen läßt,
ein Traumbild, das Gedanken weckt an
Landschaften und Schicksalsräume, aus denen
sich die eigene, die deutsche Geschichte
entwickelte . . .

Hiddensee

*Ein breites Wasser trennt die schmale Insel Hiddensee
von der Insel Rügen.
Nach der Sage von „Mutter Hidden und Mutter Vidden"
war Hiddensee einst fester Teil von Rügen.
Wie es zur Trennung kam, erzählt die Sage so:*

Im nördlichen Teile der Insel Hiddensee stand auf dem Fleck, der noch heute Kloster heißt, vor vielen Jahren ein großes Kloster. Die Mönche desselben waren fromme, heilige Männer und fanden ihren Unterhalt dadurch, daß sie von Ort zu Ort zogen und um Almosen baten.

Einst kam ein solcher Mönch, müde und matt, zu einer Frau, die hieß Mutter Hidden, und bat um eine kleine Gabe. Mutter Hidden war aber ein böses und geiziges Weib, die schalt den frommen Mann einen Herumtreiber und Tagedieb und warf ihn zum Haus hinaus. Da ging der Mönch zu ihrer Nachbarin, der Mutter Vidden, sie schenkte dem Klosterbruder nicht nur Geld und Nahrungsmittel, sondern behielt ihn auch die Nacht im Hause und erquickte und erwärmte ihn. Ehe der Mönch am andern Morgen weiterzog, bedankte er sich für alle Liebe und sprach: „Zum Lohne für deine Guttat soll das erste Werk, was du heute vornehmen wirst, reichlich gesegnet sein."

Mutter Vidden hatte für diesen Tag vor, ihre Leinewand abzumessen. Als sie nun das Linnen aus dem Schranke herausholte und abmaß, da nahm und nahm die Rolle kein Ende. Sie maß die Stube voll, sie maß den Flur voll, die Rolle war noch nicht kleiner geworden, als sie es im Anfang gewesen war. Erst wie die Leinewand zur Haustür hinaus auf die Straße ragte, ließ die Wunderkraft nach, und Mutter Vidden war durch das viele Linnen eine steinreiche Frau geworden.

Als die Nachbarin, Mutter Hidden, von dieser Geschichte hörte, wurde sie über die Maßen neidisch, lief zur Mutter Vidden hinüber und sprach: „Wie hast du's denn angefangen, in so kurzer Zeit einen solchen Reichtum zu erlangen?"

„Ja", sagte Mutter Vidden, „ich habe den frommen Klosterbruder so aufgenommen und beschenkt, wie sich's gebührt, und zum Lohne hat er mir gewünscht, daß meine erste Arbeit reichlich gesegnet sei."

„Na, wenn er wiederkommen sollte, so schick' ihn doch ja in mein Haus", quälte das habgierige Weib, und Mutter Vidden sagte zu und hielt auch Wort. Wie der heilige Mann wieder bei ihr vorsprach, hieß sie ihn ihrer Nachbarin einen Besuch abstatten. Als der Mönch nun dort war, wurde er aufgenommen wie ein großer Herr; Mutter Hidden bat tausendmal um Entschuldigung und ließ auftragen, was das Haus vermochte, aber nicht aus Verehrung für den frommen Mann, nein, nur deshalb, weil sie dasselbe Geschenk zu erhalten wünschte, welches Mutter Vidden bekommen hatte. Doch der Mönch schien diese böse Absicht nicht zu bemerken, sondern sagte ebenfalls, als er fortging:

„Gott vergelt's dir und segne dir zum Lohne das erste Werk, das du heute vornehmen wirst, reichlich."

Wer war jetzt froher als Mutter Hidden. Zum Geldkasten lief sie, um die harten Taler auszuzählen und dadurch ein ganzes Haus voll Silber zu erlangen. Aber gerade als sie aufschließen wollte, brüllte die Kuh im Stalle nach Wasser.

„Halt", sprach sie, „die soll mich durch ihr Muhen bei meiner Arbeit nicht stören, der werde ich erst schnell einen Eimer Wasser zu saufen geben." Damit lief sie zum Brunnen und füllte den Eimer, aber als dieser voll war, konnte sie nicht aufhören, sie mußte schöpfen und schöpfen, bis sie alles Land um sich her voll Wasser geschöpft hatte und an seine Stelle ein großer, mächtiger See trat.

Erst dann hatte sie Ruhe; doch all ihr Ackerland war nun dahin und lag auf dem Grunde des Wassers, welches nach ihr bis auf den heutigen Tag Hiddensee heißt.

Mutter Hidden starb arm und verachtet, aber Mutter Vidden blieb reich und geehrt ihr Leben lang, und nach ihrem Namen wurde das Dorf, wo sie wohnte, Vitte genannt.

Der deutschen Kinder wundersame Deutschlandreise,
herausgegeben von Bernhard Klaffke

*Ein einmaliges landschaftliches Kleinod liegt vor der deutschen
Ostseeküste: die knapp 19 Quadratkilometer große Insel
Hiddensee – eine Oase der Ruhe, voller Wellenrauschen und Vogelgesang.*

Gerhart Hauptmann liebte Hiddensee: „Sein Zauber verjüngt mich jedesmal, wenn meine Sohle seinen geliebten Boden berührt", schrieb der Dichter über die Insel, auf der er viele Sommer verbrachte und auf deren Inselfriedhof er 1946 seine letzte Ruhe fand.

*Die Kreidesteilküste von Rügen ist Teil eines herrlichen
Naturschutzgebietes mit einer Fülle botanischer Kostbarkeiten
von uralten Eiben bis zu seltenen Orchideen.*

*Einmalig in Europa sind die Feuersteinfelder von Mukran auf der Insel Rügen.
In diesem Landschaftsschutzgebiet wachsen
Wacholder neben Bergahorn, Krähenbeeren und Moosglöckchen.*

*Dicht hinter der Kreidesteilküste im Norden und Osten der Insel Rügen
beginnen herrliche Buchenwälder.
Sie umgeben den sagenumwobenen tiefschwarzen Hertasee.*

Stralsund

*Ricarda Huch, Kulturhistorikerin und
Erzählerin, schrieb die „Lebensbilder deutscher Städte".
Liebevoll zeichnet sie das Bild
der alten, mächtigen Hansestadt Stralsund:*

Meerstadt ist Stralsund, vom Meer erzeugt, dem Meere ähnlich. Auf das Meer ist sie bezogen in ihrer Erscheinung und in ihrer Geschichte. Ihre stillen grauen Straßen durchwandernd, hört man plötzlich seine Löwenstimme, sieht man seine Schlangenhaut blitzen. Hier wohnten Menschen voller Abenteuerlust und Behutsamkeit, prächtig, stolz, abgehärtet, furchtlos, grausam, trotzig...

Um drei Kirchen herum gruppierte sich die Stadt, von denen die älteste die Nikolaikirche am Markte der Altstadt ist, dem Heiligen der Fischer geweiht...

Da die Küste keinen Haustein lieferte, baute man mit Backsteinen, deren rötlich-violette Glutfarbe für den fehlenden Zierrat aufkommt. Den schönsten Schmuck der Mauern bilden die breiten und hohen Fenster, gigantischen Harfen gleichend, die die Finger des Meersturms zu erwarten scheinen, um den heiligen Raum mit schauerlichen Akkorden zu erfüllen.

Die äußere Erscheinung der Nikolaikirche wird dadurch mitbestimmt, daß sie mit dem Rathaus und einigen Häusern zusammengewachsen ist und mit Dach und Türmen über sie hinausragend um so gewaltiger sich darstellt...

Rechtwinklig zu den Türmen, die Querwand des Marktes bildend, der wie ein geschlossener Saal wirkt, zieht sich die Front des Rathauses hin, das schon gleichzeitig mit der Nikolaikirche entstanden ist. Über dem ersten Stockwerk, das von einem spitzbogigen Gewölbe getragen wird, erhebt sich eine hohe Bekrönung, die nur der Augenweide dient, ein Überschwang des Stolzes und der Lust, welcher für die regierende Aristokratie charakteristisch ist. Sechs hohe Ziergiebel, von sechs spitzen Türmchen getrennt und umgeben, steigen über dem eigentlichen Gebäude auf, gegliedert durch drei Reihen schmaler gotischer Fenster, von denen je zwei durch einen Rundbogen verbunden sind. Dies durchbrochene Diadem gibt nicht nur dem Rathause, sondern dem ganzen Platz einen phantastischen Reiz. Seine Unbeweglichkeit steht im Gegensatz zum Licht, das hindurchflimmert, seine Zwecklosigkeit an einer Stelle, wo man mehr Zweck erwartet, gibt ihm etwas Traumhaftes... Die neue Zeit hat Stralsund viel genommen, es aber nicht so entstellt wie viele andere Städte. In der Hauptsache ist das Stadtbild kaum verändert. Meer und Stürme umbrausen wie einst das Schiff mit den hohen roten Masten, die weithin leuchten, aber nicht wie einst schallt triumphierende Antwort vom Deck her... das Heldenlied ist aus.

Der Nachwelt erzählen es die Türme, Tore, Giebel, zu deren Füßen leidenschaftliche Geschlechter es erlebten.

Ricarda Huch,
Im alten Reich –
Lebensbilder deutscher Städte

Von großartiger Raumwirkung ist der mächtige, lichtdurchflutete Innenraum der Stralsunder Marienkirche. Viele mittelalterliche Kunstschätze der Kirche fielen den Bilderstürmern und Besatzungssoldaten früherer Jahrhunderte zum Opfer.

Ungewöhnlich ist der Reichtum an Kunstschätzen in der Stralsunder Nikolaikirche.
Auffallend an den farbenprächtig bemalten achteckigen
Pfeilern: die plastisch hervortretenden Köpfe der Männerfiguren.

Das Rathaus von Stralsund – prächtigster Profanbau der niederdeutschen Backsteingotik – weckt geschichtliche Erinnerungen: 1628 versammelten sich hier die Stralsunder um ihren Bürgermeister und bekräftigten, daß sie sich niemals Wallenstein ergeben würden.

Mit den Nowgorod-Fahrern im Gestühl der Stralsunder Nikolaikirche ist ein Stück mittelalterlicher Wirtschaftsgeschichte lebendig geblieben: Die detailgetreu geschnitzten Figuren weisen auf die weiten Handelsbeziehungen der Stralsunder Kaufleute hin.

*300 Jahre dauerte es, bis die Rostocker Marienkirche,
eine der mächtigsten Kirchen Norddeutschlands, fertig war. Zu ihrer Ausstattung gehört
die berühmte astronomische Uhr, Sinnbild des mittelalterlichen Weltalls.*

Das Kerkhofhaus mit seiner prächtigen Backsteinfassade aus schwarz und rot glasierten Ziegeln ist eines der schönsten Giebelhäuser Rostocks.

Das hochgotische Münster von Bad Doberan gehört zu den schönsten Kirchen im Ostseeraum. Nach den Bauvorschriften des Zisterzienserordens wurde sie ohne Turm gebaut, an seine Stelle trat ein hohes Fenster an der Westfront.

Überwältigend ist der Blick durch das Mittelschiff des Bad Doberaner Münsters: zweigeschossige Arkadengitter, achteckige Pfeiler mit farbenprächtiger geometrischer Bemalung und überreichem, ornamentalem Schmuck.

Voller Schönheiten steckt die Landschaft Mecklenburgs: Zu den schönsten Gebieten zählen das Nebeltal bei Krakow, das Seengebiet um Feldberg und die „Mecklenburgische Schweiz" bei Teterow – zauberhafte Paradiese für Wanderer und Wassersportler.

Güstrow

Der bedeutende Bildhauer, Holzbildschnitzer, Graphiker und Dichter Ernst Barlach lebte von 1910 bis zu seinem Tode 1938 im mecklenburgischen Güstrow. Hier besuchte ihn 1928 der Münchner Verleger Reinhard Piper:

Barlach erwartete mich auf dem Bahnhof, in grünem Lodenmantel mit Schirmmütze und Spazierstock. Er schien mir etwas schwankender im Gang geworden, seit wir im Sommer 1925 ein paar Wochen auf der Englburg im Bayerischen Wald beisammen waren ...

Bald lenkten wir unsre Schritte zum frühgotischen Dom, dem schönen roten Ziegelbau, wo Barlach mir sein Kriegsmahnmal zeigen wollte, den schwebenden Engel. Kein Mensch war auf der holperig gepflasterten Straße. Barlach erzählte im Gehn immerzu kleine Geschichten mit dem Unterton: „Was ist das doch für ein seltsames Leben! Was sind die Menschen doch für ein kurioses Pack!" Oft war dieser Unterton ein wenig knurrig.

„Man nimmt mich nun in Güstrow in Gnaden an. Ich gehöre jetzt mit dazu. Die Güstrower denken: Feine Leute haben eben auch feine Künstler!"

Der schwebende Engel mit den vor der Brust gekreuzten Armen hing in einer Seitenkapelle. Die Ketten, die ihn hielten, waren im Schlußstein des Gewölbes verankert. Das Werk tat eine stille, geheimnisvolle Wirkung. „In den Engel ist mir das Gesicht von Käthe Kollwitz hineingekommen, ohne daß ich es mir vorgenommen hatte. Hätte ich sowas gewollt, wäre es wahrscheinlich mißglückt. Das runde Eisengitter darunter war schon vorher in der Kirche – ein paar Meter weiter hinten. Ich hab' es mir ausdrücklich ausgebeten. Nun schafft es Raum für meinen Engel, der drüber hängt, und gibt ihm Respekt. Man geht nicht ran und probiert, ob er wohl wackelt ... Ich muß es den Güstrowern lassen: es ist eigentlich nachher sehr wenig dran gemäkelt worden."...

Nun gingen wir langsam über den baumbestandenen Wall nach seiner Wohnung, Schweriner Straße 22. Es ist das eine Vorstadtstraße, die in die Chaussee nach Schwerin mündet. Ein ganz nüchternes Haus, in dessen Erdgeschoß Barlach nun schon sieben Jahre wohnte, früher mit seiner Mutter und seinem Sohn Klaus. Jetzt hielt ihm eine kleine grauhaarige baltische Dame Haus. Die Wohnungseinrichtung, noch von seiner Mutter her, war ganz kleinbürgerlich. Barlach hatte nicht das geringste Bedürfnis nach „künstlerischer" oder „stilvoller" Umgebung.

Ernst Barlach – Werk und Wirkung, herausgegeben von Elmar Jansen

In der als Barlach-Gedenkstätte restaurierten St.-Gertruden-Kapelle stehen weltbekannte Plastiken von Ernst Barlach.

Der um 1500 entstandene spätgotische Altar mit den doppelten Flügeln gehört zu den Besonderheiten des Güstrower Doms, einem Backsteinbau, der um 1226 als kreuzförmige Pfeilerbasilika begonnen und später erweitert wurde.

Schönster Schmuck des Schweriner Schlosses ist die Landschaft: Inmitten von Bäumen, Büschen und Seen liegt das romantische, vieltürmige Bauwerk aus dem 19. Jahrhundert – geschaffen nach dem Vorbild von Schloß Chambord an der Loire.

*Grün, klar und tiefdurchsichtig ist das Wasser des Schweriner Sees.
Zusammen mit über zwanzig mittelgroßen und zahlreichen kleineren Gewässern
bildet er die reizvolle Seenlandschaft Westmecklenburgs.*

Das Stargarder Tor ist eines der vier kunstgeschichtlich besonders wertvollen Neubrandenburger Stadttore. Hohe Ziergiebel mit reichem Maßwerk verdecken die Satteldächer des inneren und äußeren Tors.

Der Turm der gotischen Marienkirche von Neubrandenburg überragt einen Teil der vollständig erhaltenen mittelalterlichen Wehranlage der Stadt: mit Ringmauer, Wassergräben, Türmen und Toren eine baugeschichtliche Besonderheit Norddeutschlands.

Rheinsberg

*Schloß Rheinsberg, in dem Friedrich der Große
vier glückliche Jahre als preußischer Kronprinz verbrachte,
ist das Reiseziel eines jungen Paares aus Berlin
in Kurt Tucholskys Erzählung „Rheinsberg".
Claire und Wolfgang bummeln verliebt durch Park und Schloß:*

Da war der Marktplatz, der mit alten, sehr niedrigen Bäumen bepflanzt war, schattig und still lag er da. Sie schritten durch ein schmiedeeisernes Tor in den Park. Hier war es ruhig. In dem einfachen weißen Bau des Schlosses klopfte ein Handwerker. Sie gingen durch den Hof wieder in den Park, wieder in die Stille . . .
Noch brausten und dröhnten in ihnen die Geräusche der großen Stadt, der Straßenbahnen, Gespräche waren noch nicht verhallt, der Lärm der Herfahrt . . . der Lärm ihres täglichen Lebens, den sie nicht mehr hörten, den die Nerven aber doch zu überwinden hatten, der eine bestimmte Menge Lebensenergie wegnahm, ohne daß man es merkte . . . Aber hier war es nun still, die Ruhe wirkte lähmend, wie wenn ein regelmäßiges, langgewohntes Geräusch plötzlich abgestellt wird. Lange sprachen sie nicht, ließen sich beruhigen von den schattigen Wegen, der stillen Fläche des Sees, den Bäumen . . . Wie alle Großstädter bewunderten sie maßlos einen einfachen Strauch, überschätzten seine Schönheit, und ohne das Praktische aller sie umgebenden ländlichen Verhältnisse zu ahnen, sahen sie die Dinge vielleicht ebenso einseitig an, wie der Bauer – nur von der andern Seite. Nun, hier in Rheinsberg erforderten die Gegenstände nicht allzuviel praktische Kenntnisse, man war ja nicht auf einem Gut, das bewirtschaftet werden sollte. – Sie kamen an den Rand eines zweiten Sees, an eine Bank. Stille . . .
Die Claire saß da und sah sehr bestimmt in das schmutzig-grüne Wasser.
„Also paß mal auf. Warum ist hier nicht überall der zweite Friedrich? So wie er in Sanssouci überall ist. Auf jedem geharkten Weg, an jedem Boskett, hinter jeder Statue? – Hier hat er gelebt. Gut. Wüßtest du es nicht, würdest du es merken?"
„Nein. Vielleicht muß man älter, machtvoller sein, um die Welt um sich zu formen nach seinem Ebenbilde . . . Wer ist heute so wie der Alte war? Sehen unsere Wohnungen aus, wie wenn sie nur und ausschließlich dem Besitzer gehören könnten? . . . Ein Specht, siehst du, ein Specht!"
„Wölfchen, es ist kein Specht. Es ist eine Schleiereule."
Er stand auf. Mit Betonung:
„Ich habe ein außerordentlich feines Empfinden dafür, ich vermute, du bist gewillt, dich über mich lustig zu machen. Wird diese Vermutung zur Gewißheit, so schlage ich dich nieder."
Ihr Gelächter klang weit durch die Fichten.
Das Schloß! – Das Schloß mußte besichtigt werden. Man schritt hallend in den Hof und zog an einer Messingstange mit weißem Porzellangriff. Eine kleine Glocke schepperte. Ein Fenster klappte: „Gleich!" – Eine Tür oberhalb der kleinen Stiege öffnete sich, und es kam nichts und dann tappte es, und dann schob sich der massige Kastellan in den Hof. Als er der Herrschaften ansichtig wurde, tat er etwas Überraschendes. Er stellte sich vor. „Mein Name ist Herr Adler. Ich bin hier der Kastellan." Man dankte geehrt und präsentierte sich als Ehepaar Gambetta aus Lindenau. Historische Erinnerungen schienen den dicken Mann zu bewegen, seine Lippen zuckten, aber er schwieg. Dann: „Nu kommen Sie man hier

*Georg Wenzeslaus von Knobelsdorff baute das einfache Rheinsberger
Landschloß für den preußischen Kronprinzen um.
Hier widmete sich Friedrich II. der Wissenschaft und den Künsten.*

hinten rum – da ist es am nächsten." – Und schloß eine bohlene Tür auf, die in einen dunklen Steinaufgang hineinführte. Sie kletterten eine steile Treppe mühsam hinauf. Oben, in einem ehemaligen Vorzimmer, lagen braune Filzschuhe auf dem Boden, verstreut, in allen Größen für groß und klein, zwanzig, dreißig – man mochte an irgendein Märchen denken, vielleicht hatte sie eine Fee hierher verschüttet, oder ein Wunschtopf hatte wieder einmal versagt und war übergelaufen . . .
Die Claire behauptete: so kleine gäbe es gar nicht. –
„Ih", sagte Herr Adler, „immer da rein; wenn sie auch ein bißchen kippeln, des tut nichts."
Er aber war nicht genötigt, solche Schuhe anzuziehen, weil er von Natur Filzpantoffeln trug.
Die Zimmer, durch die er sie führte, waren karg und enthaltsam eingerichtet. Steif und ausgerichtet standen Stühle an den Wänden aufgebaut. Es fehlte jene leise Unregelmäßigkeit, die einen Raum erst wohnlich erscheinen läßt, hier stand alles in rechtem Winkel zueinander . . .
Herr Adler erklärte:
„. . . und düs hier sei das sogenannte Prinzenzimmer, und in diesem Korbe habe das Windspiel geschlafen. Das Windspiel – man wisse doch hoffentlich . . .?"
„Zu denken, Claire, daß auch durch deine Räume einst Liebende der Führer mit beredtem Munde leitet" . . .
„Gott sei Dank! Konnt er ja! Bei uns war es pikfein."
Und dann sagte Herr Adler, dies seien chinesische Vasen, und dieselben hätte der junge Graf Schleuben von seiner Asienreise mitgebracht.
Aber hier – man trat in ein anderes höheres Zimmer –, hier sei der Gemäldesaal. Die Bilder habe der berühmte Kunstmaler Pesne gemalt, und die Bilder seien so vorzüglich gemalt, daß sie den geehrten Besuchern überallhin mit den Augen folgten. Man solle nur einmal die Probe machen! Herr Adler gab diese Fakten stückweis, wie ein Geheimnis, preis. Es war, als wundere er sich immer, daß seine Worte auf die Besucher keine größere Wirkung machten. – Herrgott, die Claire! – Sie begann den Kastellan zu fragen. Wolfgang wollte sie hindern, aber es war schon zu spät. –
„Sagen Sie mal, Herr Adler, woher wissen Sie denn das alles, das mit dem Schloß und so?"
Herr Adler leitete sein Wissen von seinem Vorgänger, dem Herrn Breitriese her, der es seinerseits wieder von dem damaligen Archivar Brackrock habe. –
„Und dann, was ich noch fragen wollte, Herr Adler, hat es hier wohl früher ein Badezimmer gegeben?"
„Nein, aber wir haben eins unten, wenn es Sie interessiert . . ." Sie dankten. Herr Adler, der noch zum Schluß auf eine Miniatur, ein Geschenk der Großfürstin Sofie von Rußland, hingewiesen hatte, verfiel plötzlich in abruptes Schweigen. Und erst nachdem das Trinkgeld in seiner Hand klingelte, blickte er zum Fenster hinaus und sagte, ein wenig geistesabwesend: „Dies ist ein ehrwürdiges Schloß. Sie werden die Erinnerung daran Ihr ganzes Leben bewahren. Im Garten ist auch noch die Sonnenuhr sehenswert."
Claire unterließ es nicht, Wolf ein wenig zu kneifen, und an der blumenkohlduftenden Kastellanswohnung vorbei schritten sie hinaus, ins Freie. Am Nachmittag fuhren sie auf dem See herum. Er ruderte, und sie saß am Steuer, während sie dann und wann drohte, sie werde ihre graue, alte Familie unglücklich machen, sie habe es nunmehr satt und stürze sich ins Wasser. Er werde sowieso bald umwerfen. Nein – sie landeten an einer kleinen Insel. Ein paar Bäume standen darauf. Sie lagerten sich ins Gras . . . Ein kühler Wind strich vom See herüber. Die Uferlinien waren unendlich fein geschwungen, die hellblaue Fläche glänzte . . .
„Sehssu, mein Affgen, das is nun deine Heimat. Sag mal: würdest du für dieselbe in den Tod gehen?"
„Du hast es schriftlich, liebes Weib, daß ich nur für dich in den Tod gehe. Verwirre die Begriffe nicht. Amor patriae ist nicht gleichzusetzen mit der ‚amor' als solcher. Die Gefühle sind andere."

Kurt Tucholsky, Rheinsberg – Ein Bilderbuch für Verliebte

„Ich bin glücklich, diese Stätte zu besitzen,
wo man nur Ruhe kennt, die Blumen des Lebens pflückt und die kurze Zeit genießt,
die uns auf Erden geschenkt ist."

*Das schrieb Kronprinz Friedrich über Rheinsberg.
Als er 1740 König wurde, verließ er den Landsitz, um in den Schlesischen Krieg zu ziehen.
Nach Rheinsberg kam er nicht mehr zurück.*

Kloster Chorin

*Auf einer Wanderung durch Schottland
kam Theodor Fontane der Gedanke,
Landschaft und Geschichte seiner Heimat ein Denkmal zu setzen.
Er durchwanderte und beschrieb die
Mark Brandenburg zwischen Rheinsberg und Lübbenau.
Hier seine Eindrücke von Kloster Chorin:*

Unter den Töchtern Lehnins war Chorin die bedeutendste, ja, eine Zeitlang schien es, als ob das Tochterkloster den Vorrang über die mater gewinnen würde. Das war unter den letzten Askaniern. Diese machten Chorin zum Gegenstand ihrer besonderen Gunst und Gnade und beschenkten es nicht nur reich, sondern wählten es auch zu ihrer Begräbnisstätte. Unter den sieben Markgrafen, die hier beigesetzt wurden, ist der letzte zugleich der hervorragendste: Markgraf Waldemar, gestorben 1319. Nach dem Erlöschen der Askanier trat Chorin wieder hinter Lehnin zurück. Kloster Chorin, ehe es diesen seinen Namen annahm, war Kloster Mariensee. Bis 1272 bestand es auf der Ziegeninsel im Paarsteiner See. In diesem Jahre, so scheint es, kam man überein, „wegen mehrer Unbequemlichkeit, die sich aus der Lage des Klosters ergäbe", dasselbe weiter westwärts, und zwar an den Choriner See zu verlegen, richtiger wohl, es mit einer neuen klösterlichen Pflanzung, die sich bereits am Choriner See befinden mochte, zu vereinigen. Die Zeit war einem raschen Aufblühen besonders günstig; das Ansehen des Ordens stand auf seiner Höhe, und die Askanier, wie bereits hervorgehoben, waren unermüdlich, dem Kloster ihre besondere Gnade zu bestätigen. Keiner mehr als Markgraf Waldemar, der letzte des Geschlechts. Fast alles Land zwischen Eberswalde und Angermünde im Norden gehörte dem Kloster. Kloster Chorin ist keine jener lieblichen Ruinen, darin sich's träumt wie auf einem Frühlingskirchhof, wenn die Gräber in Blumen stehen; es gestattet kein Verweilen in ihm, und es wirkt am besten, wenn es wie ein Schattenbild flüchtig an uns vorüberzieht. Wer hier in der Dämmerstunde kommt und plötzlich zwischen den Pappeln hindurch diesen still einsamen Prachtbau halb märchenartig, halb gespenstisch auftauchen sieht, dem ist das Beste zuteil geworden, was diese Trümmer, die kaum Trümmer sind, ihm bieten können. Die Poesie dieser Stätte ist dann wie ein Traum, wie ein romantisches Bild an ihm vorübergezogen, und die sang- und klanglose Öde des Innern hat nicht Zeit gehabt, den Zauber wieder zu zerstören, den die flüchtige Bewegung schuf.

Theodor Fontane,
Wanderungen
durch die Mark Brandenburg

*In der seenreichen Landschaft der Uckermark
liegt Kloster Chorin, eine der schönsten Schöpfungen
der märkischen Backsteingotik.*

Vielfältig gegliedert schwingt sich die Fassade des Westchors der Klosterkirche empor. Zwischen den steil aufragenden Strebepfeilern öffnen sich schmale, mit Maßwerk geschmückte Fenster.

Berlin

*Im April 1821 kam Heinrich Heine an die
Berliner Universität. Nach der Stille und Enge Göttingens
genoß er den Trubel in der preußischen Residenz.
Unter den Linden 24 wohnte er – ein aufmerksamer Beobachter
des Lebens auf der Berliner Prachtstraße:*

Wirklich, ich kenne keinen imposanteren Anblick, als, vor der Hundebrücke stehend, nach den Linden hinaufzusehen. Rechts das hohe, prächtige Zeughaus, das neue Wachthaus, die Universität und Akademie. Links das königliche Palais, das Opernhaus, die Bibliothek usw. Hier drängt sich Prachtgebäude an Prachtgebäude ...

Ja, es sind die berühmten Linden, wovon Sie soviel gehört haben. Mich durchschauert's, wenn ich denke: auf dieser Stelle hat vielleicht Lessing gestanden, unter diesen Bäumen war der Lieblingsspaziergang so vieler großer Männer, die in Berlin gelebt; hier ging der große Fritz, hier wandelte – Er! Aber ist die Gegenwart nicht auch herrlich? Es ist just zwölf, und die Spaziergangszeit der schönen Welt. Die geputzte Menge treibt sich die Linden auf und ab. Sehen Sie dort den Elegant mit zwölf bunten Westen? Hören Sie die tiefsinnigen Bemerkungen, die er seiner Donna zulispelt? Riechen Sie die köstlichen Pomaden und Essenzen, womit er parfümiert ist? Er fixiert Sie mit der Lorgnette, lächelt und kräuselt sich die Haare. Aber schauen Sie die schönen Damen! Welche Gestalten! Ich werde poetisch!

Ja, Freund, hier, unter den Linden,
Kannst du dein Herz erbau'n,
Hier kannst du beisammen finden
Die allerschönsten Frau'n.

*Die „Linden" – ein Kilometer Straße zwischen Brandenburger Tor und Berliner Schloß. In ihrer
300jährigen Geschichte war die 60 Meter breite Prachtallee Promenierstraße und Geschäftszentrum,
preußische Paradierstrecke, kultureller Mittelpunkt und Schauplatz von Revolutionen.*

Sie blühn so hold und minnig
Im farbigen Seidengewand;
Ein Dichter hat sie sinnig
Wandelnde Blumen genannt.

Welch schöne Federhüte!
Welch schöne Türkenschals!
Welch schöne Wangenblüte!
Welch schöner Schwanenhals!

Nein, diese dort ist ein wandelndes Paradies, ein wandelnder Himmel, eine wandelnde Seligkeit. Und diesen Schöps mit dem Schnauzbarte sieht sie so zärtlich an! Der Kerl gehört nicht zu den Leuten, die das Pulver erfunden haben, sondern zu denen, die es gebrauchen, d. h. er ist Militär ... Doch betrachten Sie die kleine Brünette, die Ihnen so vielverheißend zulächelt ... Sie muß es Ihnen angemerkt haben, daß Sie ein Fremder sind. Welch eine Menge besternter Herren! Welch eine Unzahl Orden! ...

Wie das unter den Linden wogt! Wie mancher läuft da herum, der doch nicht weiß, wo er heut zu Mittag essen kann! Haben Sie die Idee eines Mittagessens begriffen, mein Lieber? Wer diese begriffen hat, der begreift auch das ganze Treiben der Menschen.

Heinrich Heine,
Briefe aus Berlin

Ein Denkmal des Gründers Wilhelm von Humboldt schmückt an den Linden den Vorgarten der Humboldt-Universität, dessen erster frei gewählter Rektor 1810 der deutsche Philosoph Johann Gottlieb Fichte war.

Dieser malerische Innenhof gehört zur Deutschen Staatsbibliothek, einer der größten Büchereien der Welt. Die Brüder Grimm, Fichte, Schelling und Hegel, Ranke, Mommsen, Schopenhauer und Lenin haben in ihren Räumen studiert.

*Das Rathaus von Köpenick erinnert an die in aller Welt belachte „Köpenickiade":
Der Schuster Wilhelm Voigt ließ 1906 als angeblicher Hauptmann
das Rathaus durch eine Gruppe Soldaten besetzen und sich die Stadtkasse aushändigen.*

In der Vorhalle der Berliner Marienkirche das eindrucksvolle Freskogemälde eines figurenreichen Totentanzes von 1485: Menschen jeden Standes holt, trotz ihrer Bitten, der Tod unerbittlich in sein Reich.

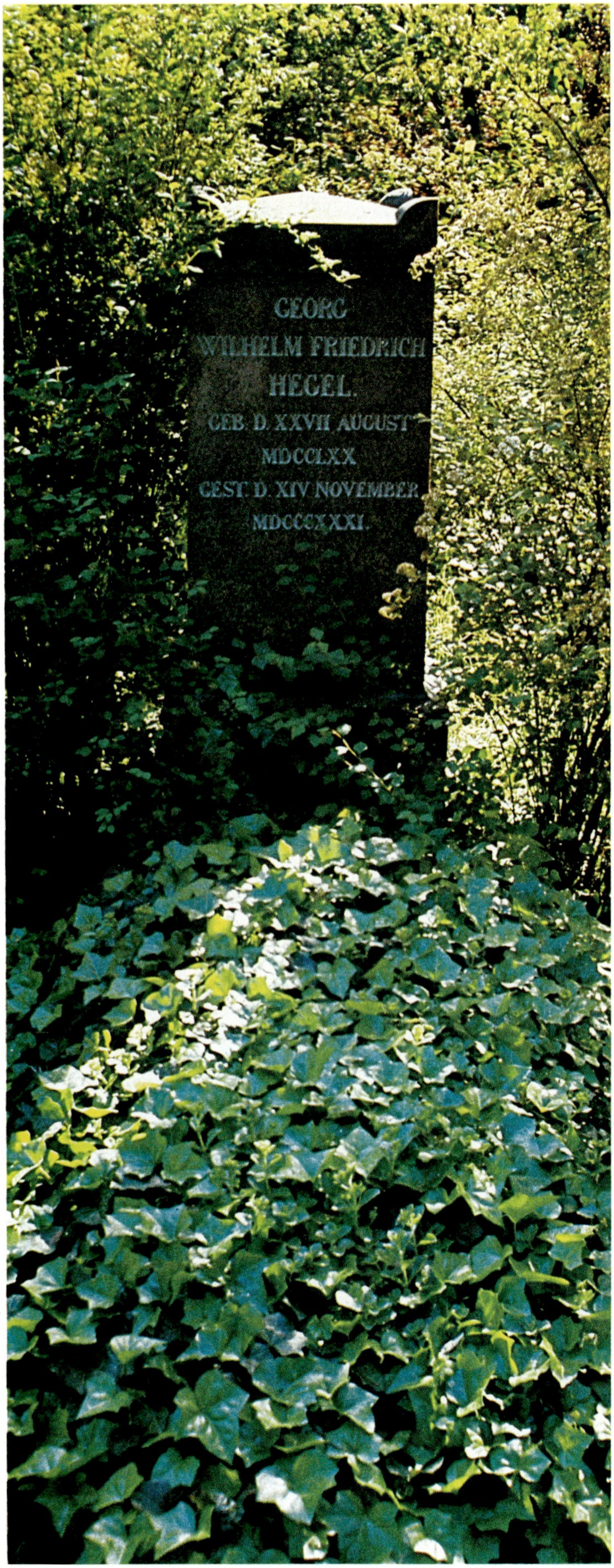
GEORG
WILHELM FRIEDRICH
HEGEL.
GEB. D. XXVII AUGUST
MDCCLXX
GEST. D. XIV NOVEMBER
MDCCCXXXI.

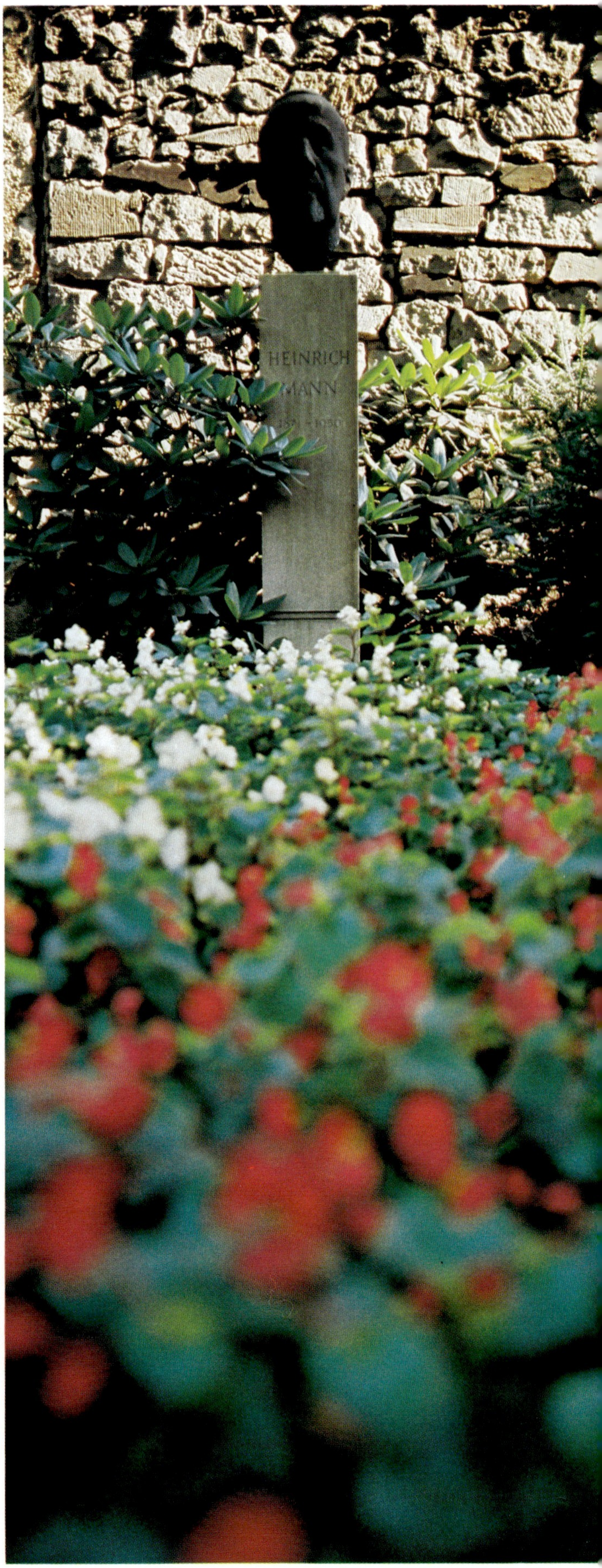
HEINRICH
MANN

Auf dem Dorotheenstädtischen Friedhof – mitten im Zentrum Berlins – sind die Grabstätten berühmter Künstler, Bildhauer, Architekten und Gelehrter: Hegel, Fichte, Schadow, Schinkel, Brecht und Heinrich Mann wurden hier beigesetzt.

*Im Berliner Dom, auf Wunsch Kaiser Wilhelms II. nach dem
Vorbild der Peterskirche in Rom umgebaut, befindet sich die Hohenzollerngruft
mit der Grabstätte des Großen Kurfürsten und Prachtsarkophagen.*

Sanssouci

*Am 1. Mai 1747 wurde mit einem Festessen für 200 Gäste
Schloß Sanssouci eingeweiht.
Hausherr Friedrich der Große bat kurze Zeit später
seinen in Berlin lebenden Freund, den Marquis d'Argens,
nach Potsdam. Aus der poetischen Einladung
klingt Friedrichs Stolz über sein neues Schloß:*

Wie ein Klausner lebt Ihr hin,
Unbekannt schier in Berlin,
Mitten in der Residenz,
Und zu freudigerm Genießen,
Draußen, wo die Saaten sprießen,
Ruft vergebens Euch der Lenz.
Ei, so laßt man Euern Bau,
Wo die Langeweile nistet,
Die Gedanken grau in grau,
Eure Händel, Eure Grillen,
Ärgernisse, die die Galle
Nur erregen, laßt sie alle!
Euer Herz mit Lust zu füllen,
Wüßt' ich schon ein Wo und Wie:
Kommt zu mir nach Sanssouci!

Doch erst ist man recht ein König,
   ist sein eigner Fürst und Herr,
Auf dem Lande, in der Stille!
   Weiß nicht, wo man freier wär'!
Fragt Ihr nun, wo sie gelegen,
   meine grüne Einsamkeit,
Wo beschaulich diese Strophen
   Euer Freund für Euch gereiht,

Jener Ort, wo meiner Tage schönste
   mir die Parze spinnt –
Hört, ob Ihr ein Bild gewinnt!

Hoch auf eines Hügels Rücken,
Wo das Auge mit Entzücken
Schweift, soweit der Himmel blau,
Hebt gebietend sich der Bau.
Hohe Kunst ward dran gewendet;
Sorglich schuf und meisterlich
Mir des Meißels Hieb und Stich
Steingestalten formvollendet,
Die das Ganze prächtig schmücken,
Ohne lastend es zu drücken.
Morgens taucht mein Schlößlein ganz
Sich in goldnen Frühlichtglanz,
Der es grüßt, wenn er erwacht.
Sechs bequeme Treppen lassen
Nieder über sechs Terrassen,
Mählich sacht
Euch zum Haine niedersteigen,
Euch zu flüchten
In die grüne Dämmernacht.
Dorten läßt dann unter dichten,

Unter hundertfarbigen Zweigen
Loser Nymphen Schelmerei
Klare Silberwellen nieder
Sprudeln über Marmorglieder –
Gab's seit Phidias jemals wieder
Solche Meisterbildnerei?

Seht, dort regelt meine Tage
Holdes Gleichmaß, still gedeihlich,
Fern der dummen Modeplage
Endlos langer Prunkgelage . . .

Diese stille Einsamkeit
Ist mir Bollwerk, Wehr und Turm
Wider jeden Stoß und Sturm
Dieser wildbewegten Zeit,
Unrast, Wirrsal, Not und Streit;
Wider alles, drein so gern
Uns die Menge möchte zerrn,
Uns, die Weisen, die dem Wissen,
   die den Künsten sich geweiht.

Friedrich der Große,
Werke (9. Band: Dichtungen)

*Der Marmorsaal von Schloß Sanssouci ist ein Meisterwerk der Raumkunst des 18. Jahrhunderts:
Knobelsdorff schuf diesen heiteren Saal, in dem sich
Friedrichs des Großen berühmte Tafelrunde zu philosophischem Disput versammelte.*

*Nach dem Siebenjährigen Krieg ließ Friedrich der Große
das größte Gebäude im Park von Sanssouci erbauen:
das Neue Palais – ein Riesenbau mit 322 Fenstern, 230 Pilastern und 428 Statuen.*

Der fast 300 Hektar große Park von Sanssouci, ein Ensemble von Schlössern und Statuen, von Toren, Tempeln und Wasserspielen, spiegelt in seiner glücklichen Verbindung von Natur und Architektur den Geist des Potsdamer Rokoko.

Spreewald

*Theodor Fontane, Neuruppiner Preuße französischer
Abstammung, entdeckte die Schönheit der Mark Brandenburg.
Menschen und Landschaft, Geschichte und
Volkskunde seiner Heimat sind Inhalt der „Wanderbücher".
So schildert er eine Spreewaldfahrt:*

Eine Nachtpost fährt oder fuhr wenigstens zwischen Berlin und Lübbenau. Mit Tagesanbruch haben wir Lübben, die letzte Station, erreicht und fahren nunmehr am Rande des hier beginnenden Spreewaldes hin, der sich anscheinend endlos, und nach Art einer mit Heuschobern und Erlen bestandenen Wiese, zur Linken unseres Weges dehnt. Ein vom Frühlicht umglühter Kirchturm wird sichtbar und spielt eine Weile Verstecken mit uns, aber nun haben wir ihn wirklich und fahren durch einen hochgewölbten Torweg in Lübbenau „die Spreewaldhauptstadt" ein.

Nach kurzem Gange durch Stadt und Park erreichten wir den Hauptspreearm, auf dem die für uns bestimmte Gondel bereits im Schatten eines Buchenganges lag. Drei Bänke mit Polster und Rücklehne versprachen möglichste Bequemlichkeit, während ein Flaschenkorb von bemerkenswertem Umfang – aus dem, so oft der Wind das Decktuch ein wenig zur Seite wehte, verschiedene rot und gelb gesiegelte Flaschen hervorlugten – auch noch für mehr als bloße Bequemlichkeit sorgen zu wollen schien. Am Stern des Bootes, das lange Ruder in der Hand, stand Christian Birkig, ein Fünfziger mit hohen Backenknochen und eingedrückten Schläfen, dem für gewöhnlich die nächtliche Sicherheit Lübbenaus, heut aber der Ruder- und Steuermannsdienst in unserem Spreeboot oblag.

Wir stiegen ein und die Fahrt begann. Gleich die erste halbe Meile ist ein landschaftliches Kabinettstück und wird insoweit durch nichts Folgendes übertroffen, als es die Besonderheit des Spreewaldes: seinen Netz- und Inselcharakter, am deutlichsten zeigt. Dieser Netz- und Inselcharakter ist freilich überall vorhanden, aber er verbirgt sich vielfach, und nur derjenige, der in einem Luftballon über das vieldurchschnittene Terrain hinwegflöge, würde die zu Maschen geschlungenen Flußfäden allerorten in ähnlicher Deutlichkeit wie zwischen Lübbenau und Lehde zu seinen Füßen sehen.

Theodor Fontane,
Wanderungen
durch die Mark Brandenburg

*Blumige Wiesen und lichte Laubwälder vereinen sich
mit 300 Flüßchen im Spreewald
zu einer Landschaft von einzigartigem Reiz.*

*Stille und Romantik des Spreewalds beschrieb der Dichter Johannes R. Becher:
„Von sanften Kanälen durchzogen / und wie verzaubert ein See /
voll Wurzeln und Wasserrosen / und schwimmenden Farnen und Moosen / zur Waldung verwandelte Spree."*

Vor dem Rathaus von Wittenberg stehen die Denkmäler der beiden Männer, die den Ruhm der Stadt begründeten: der Reformator Martin Luther und der Humanist Philipp Melanchthon.

„Ein' feste Burg ist unser Gott" – der Anfang des
alten Luther-Liedes leuchtet als Spruchband vom 88 Meter hohen Turm
der alten Wittenberger Schloßkirche weit ins Land.

*In Bronze gegossen sind die 95 Thesen, die
Martin Luther am 31. Oktober 1517 an die Schloßkirche zu Wittenberg schlug.
Die alte hölzerne Thesentür verbrannte 1760.*

Im Siebenjährigen Krieg wurde die Wittenberger Schloßkirche zerstört und erst im 19. Jahrhundert als reformatorische Gedenkstätte mit großem Aufwand wiedererrichtet. Aus alter Zeit erhalten sind die Grabdenkmäler Luthers und Melanchthons.

Wörlitz

*Der große Dichter der deutschen Romantik Novalis
besuchte 1794 Wörlitz, Dessau und den Harz.
Der Wörlitzer Park war schon zur Zeit seiner Entstehung weit berühmt
und oft besucht, denn er war die erste Anlage im
englischen Gartenstil auf deutschem Boden. Novalis beschreibt seinen
Besuch im Park als einen „melancholisch schönen Spaziergang":*

Um 11 waren wir in dem angenehmen Wörlitz, dessen Garten auch jetzt, da noch kein grünender Baum seine mit Blättern und Blüten bekleideten Zweige in den blauen Wasserspiegel tauchte, durch seine in- und ausländischen toten Hölzer melancholisch schönen Spaziergang bildete. Wir benutzten diese interessanten Gartenpartien und besahen die nunmehr großenteils fertige Anlage und den Stein, eine sich aus dem See erhebende Felsmasse, die aus ungeheuren sächsischen und anhältischen Feldsteinen zusammengesetzt ist und die verschiedenartigsten Dinge in sich vereinigt, als z. B. mehrere irreguläre über den See gesprengte, finstere Gewölbe ... die Ruinen eines Amphitheaters; eine Bergspitze, deren Erleuchtung sie als einen feuerspeienden Berg darstellt; einen Wasserfall, mehrere im Felsen angebrachte Zimmer und auf einem besonderen Felsen, an einen zerfallenen Turm gelehnt, ein in römischem Geschmack gebautes und möbliertes Haus. Die ganze Idee ist originell und unstreitig etwas bizarr ...

Nachdem wir im neuen Gasthof ganz gut zu Mittag gespeist hatten, fuhren wir auf der schönen Chaussee, die durch kleine Eichenwäldchen, Wiesen, Dörfer und Felder in angenehmer Abwechslung hinläuft, nach Dessau ... In Gesellschaft gingen wir bei dem schönsten Sommer auf den Gottes-Akker, der vor dem Köthner Tor, und das Georgium, das vor dem Ankner Tor liegt. Ersterem ist statt des ängstlichen und düstern, welches diesen Plätzen sonst so oft eigen ist, ein Gepräge heiterer Ruhe gegeben worden, welches für Fremde, die sich für dieses stille Plätzchen ein Stündchen abmüßigten, so gut als für Einheimische, die vielleicht mit sanfterer Wehmut hier einen entschlafenen Freund betrauern, äußerst wohltätig ist ... Das Georgium ist eine englische Garten-Anlage, die dem Prinz Hans Georg, Bruder des Fürsten, gehört, dessen Sommerwohnung in einem anmutigen Teil des Gartens zwischen wilden Partien und frischen Grasplätzen steht, und so wie mehrere im Garten zerstreut liegende Häuschen, einfach und doch architektonisch schön gebaut, geschmackvoll möbliert, und mit feinen Kupferstichen ausgehängt. Der Garten ist groß und erstreckt sich bis nach der eine Stunde von Dessau fließenden Elbe hin, die Natur ist in den einzelnen Partien zuweilen noch glücklicher als in Wörlitz nachgeahmt und das Ganze gewinnt besonders durch einen mit hineingezogenen Eichenwald ... Das Dessausche Ländchen ist unter seinem Fürsten in der Tat eines der glücklichsten; er sucht auf alle Weise das Glück und den Wohlstand seiner Untertanen zu befördern und versteht die Kunst, durch gut angebrachte Freigebigkeit und Veranlassung zum Verdienst für den gemeinen Mann, wie für den Handwerker, Künstler und Handelsmann ihrem allgemeinen und Privatwohl in der Tat beförderlich zu sein, eine Sache, die in seinem kleinen Lande wohl angeht.

Novalis, Reisejournal

*Im Gotischen Haus wohnte der Fürst,
wenn er in Wörlitz weilte – umgeben von Kunstschätzen,
die ihm lieb und wertvoll waren.*

*Der Wörlitzer Landschaftspark entstand in der zweiten Hälfte des 18. Jahrhunderts.
Mit Blumen, Blüten und Bäumen, mit Seen, Kanälen und
Bauwerken entwickelt sich die Anlage locker und natürlich aus der Landschaft.*

Seinem Freund und Verehrer der Antike, dem Fürsten Leopold von Anhalt-Dessau, baute Friedrich Wilhelm von Erdmannsdorff 1769 bis 1773 das Wörlitzer Schloß, eines der frühesten und zugleich schönsten Bauwerke des deutschen Klassizismus.

„Wie das Vorüberschweben eines leisen Traumbilds" empfand Johann Wolfgang von Goethe eine Fahrt durch den Wörlitzer Park. Im Mai 1778 schrieb er aus Wörlitz an Charlotte von Stein

„Hier ist's jetzt unendlich schön. Mich hat's gestern abend, wie wir durch die Seen,
Kanäle und Wäldchen schlichen, sehr gerührt,
wie die Götter dem Fürsten erlaubt haben, einen Traum um sich herum zu schaffen."

Halle

*In der Essay-Sammlung „Im alten Reich"
beschreibt Ricarda Huch, die immer wieder mit Wehmut
der Vergangenheit und ihrer Werke gedenkt,
die Händelstadt Halle:*

Sieht man das Denkmal Händels auf dem Marktplatz zu Halle, so denkt man vielleicht, wie zufällig und sinnlos es wäre, daß dieser große Künstler gerade hier geboren wurde, ein Quell der Gesänge in der Fabrikstadt; betrachtet man aber die Geschichte Halles, so erscheint es bedeutungsvoll. Halle liegt mitten in dem Gebiet, begrenzt von Wittenberg, Mansfeld, Eisleben und Magdeburg, wo die Reformation ihren Ursprung nahm, stürmisch erwuchs und festgehalten wurde, und mit der Reformation erhob sich zugleich die neue Kunst, die Musik, trug sie und wurde von ihr getragen. Gerade der heroische Charakter der Händelschen Musik stimmt zu Halle, das einen heroischen Zug hatte wie das befreundete Magdeburg. Halle hat ferner die Kraft gehabt, hervorragende Männer anzuziehen, sie zu ehren und ihnen die Atmosphäre von Zutrauen zu geben, die sie brauchten, um sich zu betätigen. Großartig hat es auch die Natur bedacht: Porphyrfelsen bilden seine Grundlage, die Saale, an deren rechtem Ufer es liegt, ist schiffbar, teilt sich in mehrere Arme und bildet Inseln, die von Nachtigallen bewohnt sind, der Boden enthält Salz und Braunkohle in unerschöpflicher Menge ...

Von den drei gleichnamigen Städten Halle, Schwäbisch-Hall und Hall in Tirol ist nur Halle Großstadt geworden, weil hier der Boden an Kohle und Kali reich ist. Die Kohle wurde schon Ende des 18. Jahrhunderts ausgebeutet und führte zur Begründung zahlreicher Fabriken und industrieller Unternehmungen. Diese Entwicklung hat der Schönheit des Stadtbildes sehr geschadet. Würde jetzt noch jemand wie Karl V. sich bei Halles Anblick an Florenz erinnert fühlen? Er sah noch seine Mauern und Türme, die imposante Gebäudereihe an der Saale, die Residenz mit den neuen fabelhaften Giebeln neben der kolossalen Moritzburg, die Herrenhäuser am Markt und an den zum Markt führenden Straßen, die malerischen alten Brücken und Mühlen ...

Der Dreißigjährige Krieg vernichtete die Burg Giebichenstein und zerstörte die Moritzburg ... Die düstere Ruine über der Saale klingt wie ein Urlaut der Natur in das Maschinengerassel der modernen Stadt hinein. Trotz aller Beraubungen und Entstellungen hat sie noch mehr solcher Fremdlinge bewahrt, die das Andenken einer stolzen Vergangenheit erhalten. Um den Domhügel unter alten Bäumen summt noch heilige Stille ... Eine Stätte friedvoller Abgeschiedenheit ist der von Albrecht gegründete Stadtgottesacker auf dem Martinsberge, wo bei einer uralten Martinskapelle ein Begräbnisplatz aus Pestzeiten war. 94 mit Wappen und Renaissanceornamenten geschmückte Bogen, von dem berühmten Baumeister Nickel Hofmann angelegt, umranden mitten im städtischen Getriebe die Stadt der Toten ...

Der Prunk der Höfe hielt sich in Halle nicht; es war eine Stadt der Arbeit und ist es geblieben. Wie einst die ernste, heroische Richtung der Stadt sich eindrucksvoll gestaltet hat, so wird vielleicht auch die Menschenmühe der neuen Zeit allmählich zum großen Bilde werden, ohne daß das alte Halle dadurch ganz ausgelöscht wird.

Ricarda Huch,
Im alten Reich –
Lebensbilder deutscher Städte

*Mit einem Denkmal auf dem Marktplatz ehrte die Stadt den 1685
in Halle geborenen Georg Friedrich Händel.
Der große Komponist verbrachte Kindheit und Jugend in Halle.*

*Die Marktkirche in Halle: In dieser Kirche hat Martin Luther
wiederholt gepredigt, und Friedemann Bach, der älteste Sohn des großen Thomaskantors,
war hier fast zwanzig Jahre lang Organist.*

Leipzig

*Im Herbst 1765 kam der junge Goethe nach Leipzig
und war begeistert von der modernen Messe- und Handelsstadt:
„Mein Leipzig lob' ich mir,
es ist ein Klein-Paris und bildet seine Leute."
In seiner Autobiographie „Dichtung und Wahrheit" schreibt er später:*

Als ich in Leipzig ankam, war es gerade Meßzeit, woraus mir ein besonderes Vergnügen entsprang: denn ich sah hier die Fortsetzung eines vaterländischen Zustandes vor mir, bekannte Waren und Verkäufer, nur an anderen Plätzen und in einer anderen Folge. Ich durchstrich den Markt und die Buden mit vielem Anteil; besonders aber zogen meine Aufmerksamkeit an sich, in ihren seltsamen Kleidern, jene Bewohner der östlichen Gegenden, die Polen und Russen, vor allem aber die Griechen, deren ansehnliche Gestalten und würdigen Kleidungen ich gar oft zu Gefallen ging.

Diese lebhafte Bewegung war jedoch bald vorüber, und nun trat mir die Stadt selbst mit ihren schönen, hohen und untereinander gleichen Gebäuden entgegen. Sie machte einen sehr guten Eindruck auf mich, und es ist nicht zu leugnen, daß sie überhaupt, besonders aber in stillen Momenten der Sonn- und Feiertage, etwas Imposantes hat, sowie denn auch im Mondschein die Straßen, halb beschattet, halb erleuchtet, mich oft zu nächtlichen Promenaden einluden.

Indessen genügte mir gegen das, was ich bisher gewohnt war, dieser neue Zustand keineswegs. Leipzig ruft dem Beschauer keine altertümliche Zeit zurück; es ist eine neue, kurz vergangene, von Handelstätigkeit, Wohlhabenheit, Reichtum zeugende Epoche, die sich uns in diesen Denkmalen ankündet. Jedoch ganz nach meinem Sinn waren die mir ungeheuer scheinenden Gebäude, die, nach zwei Straßen ihr Gesicht wendend, in großen, himmelhoch umbauten Hofräumen eine bürgerliche Welt umfassend, großen Burgen, ja Halbstädten ähnlich sind. In einem dieser seltsamen Räume quartierte ich mich ein, und zwar in der „Feuerkugel" zwischen dem Alten und Neuen Neumarkt. Ein paar artige Zimmer, die in den Hof sahen, der wegen des Durchgangs nicht unbelebt war, bewohnte der Buchhändler Fleischer während der Messe und ich für die übrige Zeit um einen leidlichen Preis. Als Stubennachbarn fand ich einen Theologen, der in seinem Fache gründlich unterrichtet, wohldenkend, aber arm war und, was ihm große Sorge für die Zukunft machte, sehr an den Augen litt. Er hatte sich dieses Übel durch übermäßiges Lesen bis in die tiefste Dämmerung, ja sogar, um das wenige Öl zu sparen, bei Mondschein zugezogen. Unsere alte Wirtin erzeigte sich wohltätig gegen ihn, gegen mich jederzeit freundlich und gegen beide sorgsam.

Johann Wolfgang von Goethe,
Dichtung und Wahrheit

*Alle deutschsprachigen Veröffentlichungen sammelt
seit 1913 die Deutsche Bücherei in Leipzig.
5,6 Millionen bibliographischer Einheiten gehören zu ihrem Bestand.*

*Die russische Denkmalskirche in Leipzig wurde 1913
im Nowgoroder Stil erbaut: Sie erinnert an die 22.000 russischen Soldaten,
die 1813 in der Völkerschlacht bei Leipzig fielen.*

27 Jahre seines Lebens, in denen eine unfaßbare Fülle neuer Kompositionen entstand, verbrachte Johann Sebastian Bach in Leipzig. Die spätgotische Thomaskirche war sein Arbeitsplatz: Hier wirkte Bach als Organist und Leiter des heute weltberühmten Thomanerchors.

Die Nikolaikirche ist die älteste Pfarrkirche Leipzigs. Am Ende des 18. Jahrhunderts wurde der gotische Bau klassizistisch umgebaut: Aus Pfeilern wurden Säulen, aus den Gewölben eine Kassettendecke.

*Durch Goethes „Faust" weltbekannt: Auerbachs Keller in Leipzig.
Hier trafen sich Goethe und sein Freundeskreis zu fröhlichen Trinkereien, hier nahm
Goethes Gedanke, den Fauststoff dramatisch zu gestalten, seinen Ausgang.*

Meißen

*Dänemarks Märchendichter Hans Christian Andersen
reiste oft durch Europa. Was er auf seinen
Reisen sah und erlebte, hat er in lebendigen Studien
geschildert. Hier seine Eindrücke von Meißen:*

Je näher wir Meißen kamen, ein um so mehr romantisches Aussehen bekam die Gegend. Hin und wieder sah man Felsen sich erheben, mit einem ganz andern Charakter als die im Harz. In rotgelben Steinmassen, mit jungen Buchen bewachsen, hingen sie über unsern Häuptern; auf der andern Seite des Weges lagen die grünen Weinberge mit den roten Weinbergshäuschen, und unten schlängelte sich die Elbe in malerischen Krümmungen. Schiffe wurden von Menschen und Pferden den Fluß hinaufgezogen, während andere mit schwellenden Segeln stromabwärts fuhren.

Meißen selbst hat enge Straßen und sah mir recht unheimlich aus; man muß es hier wie mit jedem schönen Gemälde machen, die Augen nicht allzu nahe daran halten. Der Dom ist ein herrliches, gotisches Gebäude. Die Sonne schien in die hohen Fenster hinein, wo ein kleiner Vogel, der sich verirrt hatte, umherflatterte und mit den Flügeln an die Fensterscheiben schlug, um herauszukommen. Da sah ich meine eigene Kinderwelt! Die Kindheit ist auch eine solche heilige, große, gotische Kirche, in welche die Sonne freundlich durch bunte Scheiben scheint, wo ein jeder dunkle Winkel ein mächtiges Gefühl erweckt, und wo das einfachste Bild durch seine Beleuchtung und durch die Sage eine weit tiefere Bedeutung bekommt. Das Alltagsleben zeigt sich hier in seinen Sonntagskleidern, Gott und die Welt liegen einander weit näher, und doch flattert das Herz, wie der kleine Vogel hier in der Kirche, nach der neuen, draußen liegenden Zukunft, wo vielleicht ein Jäger hinter dem Gebüsch lauert, ihm durch die Flügel zu schießen. Der Weg von Meißen nach Dresden ist mit Akazien und Birnbäumen bepflanzt; auf den Feldern stehen Kohl und Kartoffeln; es ist ein wahrer Küchengarten! Freundliche Anhöhen, mit Wein und Laubholz bewachsen, liegen an beiden Seiten, und hinten bildet Meißen selbst, das mit seinem Schloß und Dom sehr hoch liegt, den herrlichsten Punkt in dem ganzen Gemälde; außerhalb der Stadt führt eine steinerne Brücke über die Elbe, wo Menschen gehen und fahren, ohne daran zu denken, viel weniger noch sich darauf etwas zugute zu tun, wie sie gerade dadurch das ganze beleben.

Hans Christian Andersen,
Reise nach Dresden
und in die Sächsische Schweiz

*Das Porzellan aus der Meißner Manufaktur
mit den gekreuzten blauen Schwertern als Markenzeichen
hat den europäischen Porzellanstil geprägt.*

Ab 1471 gestaltete Landbaumeister Arnold von Westfalen die Meißner Albrechtsburg zum modernsten fürstlichen Wohnsitz seiner Zeit um: Es entstand der bedeutendste spätgotische Profanbau der deutschen Kunst.

Türme, Dächer und Mauern: die „sächsische Akropolis". Auf dem Meißner Burgberg über der Elbe wuchsen im Verlauf von Jahrhunderten Dom, Albrechtsburg und Bischofsschloß zu einer historischen und symbolischen Einheit zusammen.

Dresden

*Viele Dichter haben die Schönheit Dresdens und ihre
Liebe zu der Stadt an der Elbe beschrieben.
Zu ihnen gehörte auch Gerhart Hauptmann, der kurz vor seinem Tod
noch einmal die geliebte Stadt besuchte.
Vom Loschwitzer Park aus erlebte er die Zerstörung
Dresdens im Februar 1945:*

Wer das Weinen verlernt hat, der lernt es wieder beim Untergang Dresdens. Dieser heitere Morgenstern der Jugend hat bisher der Welt geleuchtet. Ich weiß, daß in England und Amerika gute Geister genug vorhanden sind, denen das göttliche Licht der Sixtinischen Madonna nicht fremd war und die von dem Erlöschen dieses Sternes allertiefst schmerzlich getroffen weinen.

Und ich habe den Untergang Dresdens unter den Sodom- und Gomorra-Höllen der feindlichen Flugzeuge persönlich erlebt. Wenn ich das Wort ‚erlebt' einfüge, so ist mir das jetzt noch wie ein Wunder. Ich nehme mich nicht wichtig genug, um zu glauben, das Fatum habe mir dieses Entsetzen gerade an dieser Stelle in dem fast liebsten Teil meiner Welt ausdrücklich vorbehalten.

Ich stehe am Ausgangstor des Lebens und beneide alle meine toten Geisteskameraden, denen dieses Erlebnis erspart geblieben ist. Ich weine. Man stoße sich nicht an dem Wort weinen; die größten Helden des Altertums, darunter Perikles und andere, haben sich seiner nicht geschämt.

Von Dresden aus, von seiner köstlich-gleichmäßigen Kunstpflege in Musik und Wort, sind herrliche Ströme durch die Welt geflossen, und auch England und Amerika haben durstig davon getrunken ...

Ich bin nahezu 83 Jahre alt und stehe mit meinem Vermächtnis vor Gott, das leider machtlos ist und nur aus dem Herzen kommt: es ist die Bitte, Gott möge die Menschen mehr lieben, läutern und klären zu ihrem Heil als bisher.

Gerhart Hauptmann
in Selbstzeugnissen
und Bilddokumenten,
hg. von Kurt Lothar Tank

*Der Eingangspavillon mit einem Glockenspiel
aus weißem Meißner Porzellan
gehört zu den Glanzstücken des Dresdner Zwingers.*

Der von Pöppelmann geschaffene Zwinger, ein „Festsaal unter freiem Himmel", bildet den Höhepunkt der Barockarchitektur in Dresden. Südlicher Abschluß des Zwingerhofs ist ein zweistöckiger reich gegliederter Triumphbogen: das Kronentor.

Das zerstörte Dresdner Schloß war Residenz der sächsischen Kurfürsten und Könige, der ausgebrannte Schloßturm mit 97 Metern der höchste Turm des alten Dresden.

Die 1734 geweihte protestantische Frauenkirche war einst das Wahrzeichen Dresdens. Ihre mächtige Steinkuppel trotzte 1760 den Kanonen Friedrichs des Großen, die Bomben vom Februar 1945 legten die Kirche in Schutt und Asche.

Schmuckstück in der wiederhergestellten katholischen Dresdner Hofkirche ist die Orgel Gottfried Silbermanns. Sie ist das letzte und schönste Werk des sächsischen Orgelbaumeisters. Er starb, während er das Instrument einstimmte, an einem Schlaganfall.

Der 102 Meter lange „Fürstenzug" an der Außenseite des Langen Ganges am Stallhof des alten Dresdner Schlosses: Der Historienmaler Walther stellte sämtliche Herrscher aus dem Hause Wettin in einem Reiterzug dar.

Zwischen zwei Teichen inmitten wildreicher Wälder liegt Moritzburg, das imposante Jagdschloß Augusts des Starken. Von der Residenz Dresden fuhr der Kurfürst mit seinen Gästen auf einer schnurgeraden Chaussee direkt zum Schloß.

Sächsische Schweiz

*Auf einer seiner Reisen durch Deutschland
besuchte der dänische Dichter Hans Christian Andersen
die Sächsische Schweiz. Mit großer Begeisterung
kletterte und wanderte er durch das Elbsandsteingebirge:*

Hier ist es sehr hoch, sehr hoch! Du mußt ein paar Kirchtürme aufeinandersetzen und dann nicht schwindlig dabei werden, wenn du auf der obersten Spitze stehst. Ein Gitter ist angebracht, damit du nicht fällst! – Das lange weißgelbe Band dort unten, das vor deinen Augen nicht breiter aussieht, als das Trottoir auf der Straße, ist die Elbe; das gelbbraune Pappelblatt, das du schwimmen zu sehen glaubst, ist ein langer Flußkahn; du kannst auch, aber nur wie kleine Punkte, die Menschen darauf erkennen! – Versuche es, einen Stein in die Elbe hinabzuwerfen, du mußt deine ganze Kraft anwenden, er erreicht sie doch nicht, sondern fällt diesseits ins Gras. Die Dörfer liegen dort unten, wie Spielzeug auf einem Jahrmarktstisch. Dort erhebt sich der Königstein und der Lilienstein hoch in den Wolkennebel hinein; aber sieh, dieser zerteilt sich! Sonnenstrahlen fallen auf den Pfaffenstein und die Kuppelberge! Der ganze Wolkenvorhang hebt sich und in der blauen Ferne siehst du die böhmischen Rosenberge und den Geisingberg im Erzgebirge...

Die ganze Natur war mir eine große lyrische Dichtung in jedem möglichen Versmaß. Der Bach zankte in den vortrefflichsten Jamben über die vielen Steine, die ihm im Wege lagen, die Felsen standen so breit und stolz da wie respektable Hexameter. Die Schmetterlinge flüsterten den Blumen Sonette zu, indem sie ihre duftenden Blätter küßten, und alle Singvögel zwitscherten, jeder wie ihm der Schnabel gewachsen, in sapphischen und alkaischen Versen. Ich hingegen – schwieg und will auch hier schweigen.

Nun führte der Weg nach Hohnstein und Schandau, aber erst wollten wir einen kleinen Abstecher machen, um die seltsame Partie bei der „Teufelsbrücke" zu sehen. Der Teufel hat wirklich Geschmack. Jede Stelle, die seinen Namen trägt oder auf ihn hindeutet, hat etwas Pikantes. Es sind die allerromantischsten Gegenden, die man mit seinen Interessen in Verbindung gesetzt hat. Wie gesagt, er hat Geschmack, und das ist eine gute Eigenschaft.

Die Teufelsbrücke ist gleichsam hingeworfen über eine Schlucht zwischen zwei senkrechten Felsen; ein Berg ist hier gespalten von seiner obersten Spitze bis an den grünen Fuß; aber die ganze Öffnung ist nur ungefähr vier bis fünf Ellen breit. Einige Schritte davon ist noch eine ähnliche tiefe Spalte; aber diese geht in wunderlichem Zickzack und bildet gleichsam eine Art Gang. Durch den Dichter Kind hat diese Stelle ein eigenes Interesse bekommen, indem er die Beschwörungsszene im „Freischütz" hierher verlegt hat. Diese tiefe Spalte ist die vom Theater her bekannte Wolfsschlucht, sieht aber nichts in der Welt weniger ähnlich als der Dekoration, durch die man sie gewöhnlich darstellt; es würde übrigens auch sehr schwierig sein, das Ganze darzustellen, wie es sich in der Wirklichkeit zeigt. Von des Felsens höchster Spitze steigt man durch diese Spalte ins Tal hinunter; die Felsstücke sind einander so nahe, daß man nur einer hinter dem andern gehen kann; bald klettert man an einer Leiter hinab, bald findet man Stufen in den Felsen eingehauen, und ganz unten befindet man sich zuletzt in einer engen Höhle, in der nicht mehr als drei bis vier Menschen Platz haben.

„Hilf, Samuel!" riefen wir, als wir noch kaum die Hälfte hinabgestiegen waren; denn hier schien es bedenklich zu sein. Jedesmal, wenn wir um ein Felsstück herum kamen, von dem wir glaubten, daß es den Ausgang verberge, lag noch immer ein tiefer Abgrund unter uns.

Hans Christian Andersen,
Reise nach Dresden
und in die
Sächsische Schweiz

*Für August den Starken baute Pöppelmann
das Wasserschloß Pillnitz: mit seinen heiter-eleganten Formen
eine der schönsten Anlagen des Rokoko.*

*Nur wenige Kilometer von Dresden entfernt beginnt die Sächsische Schweiz:
Kühle Schluchten wechseln mit sonnendurchglühten
Felsen, windstille Talgründe lösen vom Wind überwehte Ebenen ab.*

Steil aufragende, bizarre Felsmassive, tiefe, schluchtartige Täler, dichte Wälder und dazwischen die Elbe – eine Landschaft von einzigartigem Formenreichtum – das ist die Sächsische Schweiz.

*Die 45stimmige Orgel im Freiberger Dom vollendete der große Orgelbauer
Gottfried Silbermann 1714 nach vierjähriger Arbeitszeit.
Die überlebensgroßen Engelsgestalten mit Posaune, Orgel und Kesselpauke sind Sinnbilder der Musik.*

Saalfeld

*Als der Dichter Werner Bergengruen
zu Fuß und mit dem Fahrrad im Jahre 1933
Deutschland durchwanderte,
machte er auch in Saalfeld Station:*

Saalfelds bergmännische Vergangenheit hat in den Feengrotten eine Merkwürdigkeit hinterlassen, die des Betrachtens wert ist. Durch ein anmutiges Waldtal komme ich zum Stolleneingang. Der unglücklich gewählte Name, der allzu unverblümt auf geschäftstüchtige Fremdenwerbung hinweist, rechtfertigt sich zuletzt doch; dies hat in der Tat etwas vom Strahlenglanz der Feenmärchen. In alter Zeit hat man hier Alaunschiefer gegraben, Alaun und Eisenvitriol gewonnen. Ein Teil dieser Bergwerke ist vor Jahrhunderten verlassen worden, ein anderer erst in neuerer Zeit, da mit der Entwicklung der chemischen Industrie die mineralischen Stoffe bequemer und wohlfeiler zu beschaffen waren. Und nun hat hier die Natur durch Sinterungen und Ablagerungen die wunderbarsten Gebilde bereitet, jedem Blick entzogen, bis in den letzten Vorkriegsjahren ein zufälliger Anlaß zur Wiedereröffnung des Stollens und Auffindung der entstandenen Kostbarkeit führte. Der große Eindruck der Grotten liegt nicht in Formen, sondern in den Farben. Die Ausscheidungen von Eisenocker und anderen Eisenoxyden haben rund um die gelbbraunen oder schwärzlichen Grottenseen die Wände mit phantastischer Buntheit ausgeziert. Es schimmert blau, grün, gelb, weiß, olivenfarbig, rostbraun und rot; ja, in einer einzigen Höhle will man fünfunddreißig verschiedene Farben gezählt haben. Da steht man betroffen, ja fast bestürzt in der kühlen, eisenreichen Luft dieses unterirdischen Landes und läßt sich zuletzt alberne Vokabeln wie Märchendom und dergleichen willig einfallen ...

Es ist Sonntag, und sonntags hat Thüringen eine besondere Zierde. Ich meine die Rostbratwürste. Ein dralles Mädchen oder auch ein alter Mann im weißen Operationskittelchen steht mit dem Rost an einer Straßenkreuzung und brutzelt. Die blau aufsteigenden Duftwolken verkünden den Vorgang besser, als Trompetenstöße es vermöchten. Man schnuppert und eilt hin. Schon das Zuschauen ist ein Vergnügen. Die länglichen Würste, zunächst anzusehen wie abgehäutete Schlangen, müssen zehn Minuten auf dem Rost braten, über den glimmenden Kohlen, die prächtigerweise mit einem rechten altmodischen Blasebalg angefacht werden. Sind sie bräunlich und gar, dann werden sie zwischen ein geöffnetes Brötchen geklemmt, denn zum Anfassen haben sie noch zu viel Glut in sich, und solchergestalt dem Enthusiasmus des Käufers überantwortet.

Werner Bergengruen,
Deutsche Reise

*Die Saalfelder Feengrotten sind ein interessantes Zeugnis des alten Bergbaus:
Wo einstmals Schiefer abgebaut wurde, bildeten sich
im Laufe der Jahrhunderte die farbenprächtigen Tropfsteinhöhlen.*

*Prunkstück der Saalfelder Grotten ist der Märchendom
mit der Gralsburg: 35 Meter unter der Erde wirken Farben und Formen
in wunderbarer Harmonie zusammen.*

Weimar

*Madame Germaine de Staël,
eine der faszinierendsten Frauen des 18. Jahrhunderts,
besuchte im Spätsommer 1803 Deutschland.
Ergebnis dieser Reise: eines der schönsten Bücher,
das je ein Ausländer über Deutschland schrieb.
Von Weimar und seiner Gesellschaft war Madame begeistert:*

Von allen deutschen Fürstentümern macht keines so sehr wie Weimar die Vorzüge eines kleinen Landes fühlbar, dessen Oberhaupt ein Mann von sehr viel Geist ist, der, ohne den Gehorsam abzuschaffen, seinen Untertanen auch zu gefallen suchen kann. Ein solcher Staat bildet eine eigentümliche Gesellschaft, in der alle durch freundschaftliche Beziehungen miteinander verbunden sind ... Des Herzogs Geist und der seiner Mutter haben die bedeutendsten Schriftsteller nach Weimar gezogen. Deutschland hatte hier zum ersten Mal eine literarische Hauptstadt, da aber diese Hauptstadt nur ein kleines Städtchen war, so hatte sie nur durch ihre geistige Kraft Einfluß, denn die Mode, die allem Gleichförmigkeit verleiht, konnte nicht von einem so kleinen Kreise ausgehen ...

Der Aufenthalt in kleinen Städten ist mir immer sehr langweilig vorgekommen. Der Geist der Männer verengt sich dort, und das Herz der Frauen erstarrt. Man lebt dort so nahe beieinander, daß man sich durch seinesgleichen beengt und gefesselt fühlt. Dort findet sich nicht jene Beurteilung aus gewisser Entfernung, die uns anregt und aus der Ferne wie der Ruf des Ruhms herüberhallt, sondern vielmehr eine pedantische Untersuchung jeder unserer Handlungen, eine Beobachtung der geringsten Einzelheiten, die unfähig macht, das Ganze unseres Charakters zu erfassen. Und je unabhängiger und hochstrebender man ist, desto weniger kann man durch alle diese kleinen Gitter Atem holen. Dieser peinliche Zwang existierte aber in Weimar gar nicht. Weimar war nicht eine kleine Stadt, sondern ein großes Schloß. Ein ausgewählter Kreis unterhielt sich dort mit regem Interesse über jedes neue Erzeugnis der Kunst. Frauen, liebenswürdige Schülerinnen einiger hochbegabter Männer, beschäftigten sich unaufhörlich mit den Werken der Literatur wie mit politischen Ereignissen von höchster Wichtigkeit. Durch Lektüre und Studium nannte man das Weltall sein eigen und entschlüpfte durch die Weite des Denkens den engen Grenzen der bestehenden Verhältnisse ...

Die Einbildungskraft, die in Weimar beständig durch die Unterhaltung mit den Dichtern angeregt ward, empfand dort weniger das Bedürfnis äußerer Zerstreuungen ...

Den einzigen Luxus, den sich der Fürst gestattet, bildet ein entzückend schöner Garten, und man weiß ihm Dank für diesen volkstümlichen Genuß, den er mit allen Einwohnern der Stadt teilt. Das Theater steht unter der Leitung Goethes, des größten Dichters der Deutschen, und interessiert jeden hinreichend, um jene Gesellschaften zu verhüten, in denen die verhehlte Langeweile offen zutage tritt. Man nannte Weimar das deutsche Athen, und in der Tat war es der einzige Ort, in welchem das Interesse für die schönen Künste sozusagen national war und als verbrüderndes Band zwischen den verschiedenen Ständen diente. Ein liberal gesinnter Hof suchte dort die Gesellschaft der Schriftsteller, und die Literatur gewann ungemein durch den Einfluß des guten Geschmacks, der an diesem Hof herrschte. Man konnte nach diesem kleinen Kreis die gute Wirkung beurteilen, die eine solche Verbindung in Deutschland hervorbringen würde, wenn sie allgemein eingeführt wäre.

Anne Louise Germaine
de Staël-Holstein,
Über Deutschland

*Weimars Wahrzeichen ist das Doppelstandbild Goethes und Schillers
vor dem Nationaltheater. Ernst Rietschel schuf
dieses Denkmal der Freundschaft der beiden Klassiker.*

Der historische Friedhof ist eine einzigartige Gedenkstätte der klassischen und nachklassischen Zeit Weimars. Am Ende einer sanft aufwärts führenden Allee erhebt sich die Gruft, in der Goethe und Schiller ruhen.

Weimar

*In den ersten sechs Jahren seines Aufenthaltes in
Weimar lebte Goethe im Gartenhaus an der Ilm.
Mit viel Mühe und Liebe hatte er Haus und Garten
zu seinem stillen „Zufluchtsort" gestaltet:*

Hab' ein liebes Gärtgen vorm Tore, an der Ilm schönen Wiesen in einem Tale, ist ein altes Häusgen drinne, das ich mir reparieren lasse. Alles blüht, alle Vögel singen... Da laß ich mir von den Vögeln was vorsingen und zeichne Rasenbänke, die ich will anlegen lassen, damit Ruhe über meine Seele komme, und ich wieder von vorne mög anfangen zu tragen und zu leiden...

Im Gartenhaus an der Ilm schrieb Goethe eines seiner schönsten Gedichte „An den Mond":

Füllest wieder Busch und Tal
Still mit Nebelglanz,
Lösest endlich auch einmal
Meine Seele ganz;

Breitest über mein Gefild
Lindernd deinen Blick,
Wie des Freundes Auge mild
Über mein Geschick.

Jeden Nachklang fühlt mein Herz
Froh- und trüber Zeit,
Wandle zwischen Freud' und Schmerz
In der Einsamkeit.

Fließe, fließe, lieber Fluß!
Nimmer werd' ich froh,
So verrauschte Scherz und Kuß,
und die Treue so.

Ich besaß es doch einmal,
Was so köstlich ist!
Daß man doch zu seiner Qual
Nimmer es vergißt!

Rausche, Fluß, das Tal entlang,
Ohne Rast und Ruh,
Rausche, flüstre meinem Sang
Melodien zu,

Wenn du in der Winternacht
Wütend überschwillst,
Oder um die Frühlingspracht
Junger Knospen quillst.

Selig, wer sich vor der Welt
Ohne Haß verschließt,
Einen Freund am Busen hält
und mit dem genießt,

Was, von Menschen nicht gewußt
Oder nicht bedacht,
Durch das Labyrinth der Brust
Wandelt in der Nacht.

Goethes Briefe
an Auguste von Stolberg
Johann Wolfgang von Goethe,
Gedichte

*Charlotte von Steins Grab auf dem historischen Friedhof:
1775 hatte Goethe Frau von Stein kennengelernt und sich leidenschaftlich in sie verliebt.
Die Freundin war Vorbild vieler Frauengestalten bei Goethe.*

Das weißgetünchte Gartenhaus mit dem Schindeldach, ein Geschenk des Herzogs, war einige Jahre Zentrum der vielseitigen Tätigkeit Goethes. Bis zu seinem Tod blieb es für den Dichter eine Stätte der Ruhe und des Studiums.

*Für seinen Schwiegersohn ließ Lucas Cranach d. Ä. das stattliche
Renaissancehaus am Weimarer Markt erbauen.
Der Maler verbrachte sein letztes Lebensjahr in diesem Haus.*

*„Der Empfindung, der Weisheit und den Grazien" weihte
Herzogin Anna Amalia den Tiefurter Park. Hier wird er so deutlich wie nirgends:
der Geist der Klassik und ihr Gleichklang mit der Natur.*

Das Grüne Schloß, ein vielfach umgebauter Renaissancebau, beherbergt die Zentralbibliothek der deutschen Klassik. Der prächtige Rokoko-Bibliothekssaal ist mit Plastiken und Gemälden der Goethezeit geschmückt.

Der Flügel von Franz Liszt im Hofgärtnerhaus erinnert an das Wirken des großen Virtuosen und Komponisten als Hofkapellmeister in Weimar. Liszt machte die Stadt durch seine Arbeit für Jahrzehnte zum musikalischen Mittelpunkt Deutschlands.

Die malerisch über dem Saaletal gelegene Rudelsburg war im Mittelalter oft umkämpft. Franz Kugler dichtete 1822 hier sein volkstümlich gewordenes Lied: „An der Saale hellem Strande stehen Burgen stolz und kühn".

*Der Rudelsburg gegenüber stehen die zwei schlanken Türme
der seit dem 16. Jahrhundert verfallenen Burg Saaleck. Ihre Anfänge gehen bis ins
9. Jahrhundert zurück; sie hatte eine gewisse strategische Bedeutung.*

*Auf einem 370 Meter hohen Bergkegel erhebt sich die sagen-
und legendenumwobene Ruine von Schloß Gleichen.
Ihr gegenüber liegt Thüringens älteste Burg, die Mühlburg.*

Erfurt

*„Aus Liebe zur Vergangenheit" erzählt Ricarda Huch
die Geschichte alter Städte. Sie schrieb
über Schönes und Merkwürdiges vergangener Zeiten,
zum Beispiel über die alte
Bischofs- und Handelsstadt Erfurt:*

Von den 89 Gotteshäusern, die Erfurt besaß, sind die beiden Stiftskirchen auf dem Unterberge, Marien und Severi, die schönsten:
Ganz besonders originell und charakteristisch ist die durch zufällige Umstände nötig gewordene Befestigung des Unterberges. Als der Chor des Domes, das ist die Marienkirche, für den Klerus zu klein geworden war, entschloß man sich, einen größeren zu bauen, wozu der vorhandene Boden des Berges nicht ausreichte. Deshalb wurden zwei übereinanderliegende Reihen starker steinerner Bogen errichtet, die sogenannten Kavaten, die die hochthronende Gebäudegruppe tragen.
Der Dom mit seinem überhohen Chor, den die Türme nur wenig überragen, mit dem dreieckigen Anbau, dem Triangel, der mit seinen beiden Portalen den Haupteingang für die über die Stufen Aufsteigenden bilden mußte, zieht durch Pracht und den überraschenden Glanz der architektonischen Einfälle den Blick gewaltsam an; wendet man sich aber der Severikirche zu, möchte man ihr den Preis geben. Die zu einer einzigen Mauer zusammengezogenen Türme, das ungeheure Walmdach, das von Norden gesehen der Kirche die pompöse Behaglichkeit eines repräsentativen Hauses gibt, der Gegensatz dieses Dachgebirges zur Eleganz der spitzen Turmhelme, die schöne Farbigkeit der mattroten Ziegel, der hellgrünen Turmspitzen und des gelben Sandsteins, das alles zusammen läßt sie dem Dome an Originalität nicht nachstehen, noch weniger an geschlossener Wucht.
Der innere Domchor ist ein Werk, das menschliche Kunst und Arbeit vergessen läßt: er steht da, als wäre er auf den Wink eines Zauberstabes fertig aus der Erde gewachsen. Durch zwölf sehr hohe, sehr schlanke Glasfenster fällt das Licht ein, blumenbuntes, fabelhaftes Licht, dem unsrigen so unähnlich wie der Himmel der Erde. Das Langhaus gleicht an manchen Punkten einem versteinerten Palmenhain, in dem schöne Grabplatten das Andenken vergangener Geschlechter hüten ...
Auf dem Unterberge stehen nebeneinander Marien und Severi, das katholische und das protestantische Gotteshaus, ein Bild widerstreitender Tendenzen, die es in einem Volke geben kann wie in einem Individuum, ohne es zu zerreißen, vielmehr es bereichernd.

Ricarda Huch,
Im alten Reich –
Lebensbilder deutscher Städte

*Im Zentrum von Erfurt steht die fast 650 Jahre alte Krämerbrücke,
über die jahrhundertelang die Kaufmannszüge
zwischen Westeuropa und den slawischen Ländern im Osten ihren Weg nahmen.*

Eines der schönsten Patrizierhäuser in der Erfurter Altstadt ist der 1584 entstandene Renaissance-Palast „Zum breiten Herd". Beim Erfurter Fürstenkongreß 1808 besuchte Kaiser Napoleon König August von Sachsen im „Breiten Herd".

Die klugen und die törichten Jungfrauen, eine Plastikgruppe am Nordwestportal des Erfurter Doms, gehören zu den Kostbarkeiten des weltberühmten sakralen Denkmals.

Thüringen

*Im Sommer und Herbst 1933 reiste der Dichter
Werner Bergengruen durch die noch unzerstörten deutschen Lande.
In einem Buch beschrieb er, was er erlebte.
Seine Gedanken bei einer Eisenbahnfahrt durch Thüringen:*

Es gibt in Deutschland eine Reihe von Ortsnamen, die mit ihrem bloßen Aufklingen eine fast unermeßliche Schau fortwirkenden Lebens eröffnen. Und gerade das Länderdreieck Thüringen, an dessen Spitzen Eisenach, Coburg und Naumburg liegen, ist an solchen reich. Da ich mit der Eisenbahn von Westen nach Osten fahre und weiterhin nordöstlich an Ilm und Saale entlang, da ist es mir zugleich, als blättere ich in einem Bilderbuche oder in einem alten Reisetagebuch . . .

Bei Gotha gedenke ich des großen Herzogsschlosses, das nach dem Dreißigjährigen Kriege auf den Trümmern der alten Burg Grimmenstein errichtet wurde und als ein Zeichen der Hoffnung den neuen Namen Friedenstein erhielt; ich gedenke des schönen, oft durchschrittenen Parkes und seiner Insel, auf der ein Herzog sich ohne Sarg in die Erde betten ließ, um desto schneller zu Erde zu werden; und ich gedenke seines wunderlichen Vorgängers Emil August, von dessen Schrullen noch heute in Gotha so entzückende Geschichten erzählt werden.

Er war ein witziger, zu jeder Neckerei aufgelegter Kopf, eitel auf seine frauenhafte Schönheit, die er in Hunderten von Portraits festhalten ließ, ohne zu ahnen, wie entsetzlich er schielte . . .

Über Gotha hinaus begleiten mich zur Rechten noch eine Weile in ihren letzten Ausläufern die Vorberge des Thüringer Waldes; links ist die hügelige, wohlbestellte Ebene, die sich hernach über das Unstruttal zur Goldenen Aue fortsetzt. Geschwind blättern die Seiten des Bilderbuches sich um: da sind die Drei Gleichen mit ihren sagenvollen Burgen, die ich vor zehn Jahren auf einer Fußwanderung bestieg, da ist Neudietendorf mit seinen guten Herrnhutern und seinem guten Aromatique, da ist linker Hand das freundliche, von Grün umgebene rosa Barockschlößchen, rechter Hand der Steigerwald. Bei Erfurt zeigt eine Biegung für Augenblicke das Dioskurenpaar des Domes und der Severikirche, und meiner Erinnerung breitet sich wie eine Tenne einer der königlichsten Plätze Deutschlands entgegen. Weimar gewährt dem Vorüberfahrenden nichts, da doch viele thüringische Orte einem schon ins Zugfenster hinein die wunderbarsten Anblicke reichen. Diese Zurückhaltung ist Weimars Art: auch wer, vom Bahnhof kommend, die Stadt betreten will, muß, ehe er zugelassen wird, in einem gleichgültigen Häuserviertel eine Weile antichambrieren. Noch ehe das Saaletal erreicht ist, etwa bei Sulza, beginnt die Landschaft seinen Charakter anzunehmen, mit Felsenufern, deren Schroffheit ihre geringe Höhe vergessen macht, mit Gärten, Weinberghäuschen und beflaggten Ruinen, in deren Färbung der weißgraue Muschelkalk der Felsbildungen wiederkehrt. Hinter der Rudelsburg mit der sonderbaren, gleichsam eingesunkenen Pyramidenspitze ihres Turmes steht als ein loderndes Herbstfanal weithin sichtbar ein mächtiger einzelner Baum auf der Höhe, der den Blick gebieterischer auf sich lenkt, als alles Denkmalswerk es vermag. Zwischen Wald und Acker, noch heute auf den ersten Augenschein als ein klösterlich-landwirtschaftliches Anwesen zu erkennen, liegt das schlanke Schulpforta, Hüterin einer alten geistigen Überlieferung, in der Klopstock und Fichte, Ranke und Nietzsche aufgewachsen sind. Bei Naumburg öffnet das Tal sich zu heiterer Breite, Obst-, Wein- und Gartengelände rahmt die Stadt, der aus der Landschaft ein Element idyllischen und gesättigten Behagens zugewachsen ist.

Werner Bergengruen,
Deutsche Reise

*Am Fuß des sagenumwobenen Wurzelberges ist die Quelle
der Schwarza. Ihr märchenhaft schönes Tal bietet landschaftliche
Reize in verschwenderischer Fülle.*

*Das grüne Herz Deutschlands wird Thüringen genannt.
Ausgedehnte Laub- und Nadelwälder, durch die sich romantische Wanderwege
schlängeln, erfüllen die Luft mit ihrem würzigen Duft.*

*Verträumte Täler mit blumenbunten Wiesen
und murmelnde Bäche zwischen sanften Höhenzügen:
Zauber des Thüringer Waldes.*

Wartburg

*Seit dem Mittelalter spielte die Wartburg eine
besondere Rolle unter Deutschlands Burgen.
Von den Minnesängern um Walther von der Vogelweide über Martin Luther
bis zum Fest der Burschenschaftler reicht die Kette
der Ereignisse, die mit der thüringischen Burg untrennbar verbunden sind.
Über den Bau der Wartburg um 1067 berichtet die Sage:*

Über Eisenach, wo der alten Sage nach in grauen Zeiten ein König, des Namens Günther, soll gesessen haben, dessen Tochter Kriemhilde Etzel, der Hunnenkönig, freite und stattliche Hochzeit allda hielt, hob ragend über alle Nachbarberge ein felsreicher Gipfel sein vom Fuße der Menschen selten betretenes Haupt. Wohl umgürtete auch bereits eine Burgenkette das Thüringerland, denn es standen schon die alten Dispargen der Frankenkönige auf götterheiligen Höhen, Kyffhausen, Disburg, Merwisburg, Scheidungen und andere, und es schirmten die Trutzvesten Heldburg, Coburg, Sorbenburg, Rudolfsburg, Eckartsburg, Freiburg, Giebichenstein, Sachsenburg gleich den Geschlechterwiegen Greifenstein, Schwarzburg, Käfernburg, Gleichen, Blankenburg am Harz, Anhalt, Mansfeld, Stolberg, Frankenstein, Frankenberg, Henneberg und anderen neben so manchem Dynasten- und Herrensitz. Einen solchen hatten jenseits des Waldes die Herren von Frankenstein über Eisenach, das war der Mittelstein. Ihr Stammschloß aber lag überm Walde drüben im Werratale. Da nun Graf Ludwig, Ludwigs des Bärtigen Sohn und später zubenannt der Springer, von seiner Schauenburg durch das Tal ritt, in dem er hernachmals das Kloster Reinhardsbrunn gründete – nach einem Töpfer also genannt, dem an einer gewissen Stelle wunderbare Flämmchen erschienen –, so kam er das Hörseltal entlang, der Spur eines Wildes folgend, und ward durch den Anblick eines Felskegels überrascht, der sonnig angestrahlt sich hoch über die Nebel erhob, welche die Täler einschleierten. Der junge Graf hielt sein Roß an, sann und dachte und sprach es laut: „Wart, Berg, du sollst mir eine Burg werden!" und erwartete sein Gefolge. Da vernahm er nun von älteren Jagdbegleitern, daß jener Berg nicht sein und seines Vaters Eigen sei, sondern der Frankensteiner, deren Gebiet an das seine grenze. Aber das irrte den Grafen Ludwig nicht, er ersann eine sonderliche List, ließ von seines Vaters nahem Gebiete heimlich und zur Nachtzeit Erde in Körben auf den Gipfel schaffen, sie droben handhoch überm Boden breiten, dann begann er, Wälle aufzuwerfen und Grund graben zu lassen. Spät genug wurden die Herren von Frankenstein inne, daß hoch über ihrem Mittelstein jemand baue, ohne sie zu fragen. Da nun die Armen allerorten hörten, daß der Thüringer Graf eine Veste baue, so strömten sie in Scharen herzu und schleppten Steine und halfen arbeiten, nur um das tägliche Brot zu gewinnen und nicht Hungers zu sterben. Nun klagten die Herren von Frankenstein bei Kaiser und Reich, daß der Graf auf das Ihre baue, und da auch zu jener Zeit die Prozesse schon die längliche Natur hatten, die ihnen zum großen Nutzen und Frommen der Gerichte und Anwalte bis auf unsere Tage wohlweislich erhalten worden ist, so wurde der Bau unterdessen fast fertig, und der Graf nannte die neue Burg Wartburg, von dem Wort, so er damals gesprochen, als er den Berg zum ersten erblickt hatte. Wie nun endlich ein Spruch geschehen sollte, da erbot sich der Graf zum Beweise gegen die Frankensteiner, daß er nicht auf das Ihre, sondern auf das Seine baue, erkor sich nach der Sitte zwölf Eideshelfer, das an Ort und Stelle eidlich zu erhärten, trat mit diesen Ehrenmännern hin, zogen ihre Schwerter, steckten sie in den aufgeschütteten Boden und schwuren mit ihm einhelliglich, daß sie auf des Grafen eigner Erde und auf seinem Boden ständen.

Ludwig Bechstein,
Deutsche Sagen und Märchen

*In der Nähe des Eisenacher Marktplatzes
erinnert das Lutherhaus an die Zeit des großen Reformators,
der von 1497 bis 1501 in Eisenach zur Schule ging.*

Die weiträumige, um zwei Höfe gruppierte Anlage der Wartburg stammt aus verschiedenen Jahrhunderten. Ältester und wertvollster Teil ist der spätromanische Palas im Südosten – um 1190 begonnen, 1220 vollendet.

In der Nordburg, deren malerisches Bild heute der holzgeschnitzte gotische Erker bestimmt, arbeitete Martin Luther – als „Junker Jörg" getarnt – vom Mai 1521 bis März 1522 an der Übersetzung des Neuen Testaments aus dem Griechischen ins Neuhochdeutsche.

Zu den berühmten Wartburgfresken, die Moritz von Schwind im letzten Jahrhundert malte, gehört der „Sängerkrieg auf der Wartburg". Die zeitlich getrennten Episoden dieses „sagenhaften Kriegs" vereinigte der Maler in einem einzigen großen Wandbild.

Kyffhäuser

*Die Sage vom schlafenden Kaiser im Kyffhäuser
hat die Phantasie der Menschen in Sage und Dichtung
durch Jahrhunderte beschäftigt.
Eines der bekanntesten Gedichte über
Friedrich Barbarossa schrieb der
spätromantische Lyriker Friedrich Rückert:*

Der alte Barbarossa,
   Der Kaiser Friedrich,
   Im unterird'schen Schlosse
   Hält er verzaubert sich.
Er ist niemals gestorben,
   Er lebt darin noch jetzt;
   Er hat im Schloß verborgen
   Zum Schlaf sich hingesetzt.
Er hat hinabgenommen
   Des Reiches Herrlichkeit,
   Und wird einst wiederkommen,
   Mit ihr, zu seiner Zeit.
Der Stuhl ist elfenbeinern,
   Darauf der Kaiser sitzt:
   Der Tisch ist marmelsteinern,
   Worauf sein Haupt er stützt.
Sein Bart ist nicht von Flachse,
   Er ist von Feuersglut,
   Ist durch den Tisch gewachsen,
   Worauf sein Kinn ausruht.
Er nickt als wie im Traume,
   Sein Aug' halb offen zwinkt;
   Und je nach langem Raume
   Er einem Knaben winkt.
Er spricht im Schlaf zum Knaben:
   Geh hin vors Schloß, o Zwerg,
   und sieh, ob noch die Raben
   Herfliegen um den Berg.
Und wenn die alten Raben
   Noch fliegen immerdar,
   So muß ich auch noch schlafen
   Verzaubert hundert Jahr.

Friedrich Rückert,
Werke (1. Band: Lyrik)

*Unter Kaiser Wilhelm I. entstand im Kyffhäusergebirge
das 81 Meter hohe Denkmal, von dem man einen hervorragenden Rundblick
über das kleine Gebirge und die Ebene hat.*

Viele Sagen ranken sich um Friedrich I. Barbarossa: Der Kaiser sitze mit riesigem Bart am steinernen Tisch schlafend im Berg und werde alle tausend Jahre von seinen Raben geweckt, um zu erfahren, ob zu seiner Wiederkehr das Reich nun einig sei.

Harz

*Heinrich Heine, der bedeutende deutsche Lyriker
zwischen Romantik und Realismus,
machte 1824 von Göttingen aus eine Fußwanderung durch den Harz.
Die Beschreibung dieser Reise
ist eine Mischung von Schwermut und Sentimentalität
mit geistreichem Spiel und Spott:*

Das ist nun die Ilse, die liebliche, süße Ilse. Sie zieht sich durch das gesegnete Ilsetal, an dessen beiden Seiten sich die Berge allmählich höher erheben, und diese sind bis zu ihrem Fuße meistens mit Buchen, Eichen und gewöhnlichem Blattgesträuch bewachsen, nicht mehr mit Tannen und anderm Nadelholz. Denn jene Blätterholzart wächst vorherrschend auf dem „Unterharze", wie man die Ostseite des Brockens nennt, im Gegensatz zur Westseite desselben, die der „Oberharz" heißt und wirklich viel höher ist, also auch viel geeigneter zum Gedeihen der Nadelhölzer.

Es ist unbeschreibbar, mit welcher Fröhlichkeit, Naivität und Anmut die Ilse sich hinunterstürzt über die abenteuerlich gebildeten Felsstücke, die sie in ihrem Laufe findet, so daß das Wasser hier wild emporzischt oder schäumend überläuft, dort aus allerlei Steinspalten wie aus vollen Gießkannen in reinen Bogen sich ergießt und unten wieder über die kleinen Steine hintrippelt wie ein munteres Mädchen. Ja, die Sage ist wahr, die Ilse ist eine Prinzessin, die lachend und blühend den Berg hinabläuft. Wie blinkt im Sonnenschein ihr weißes Schaumgewand! Wie flattern im Wind ihre silbernen Busenbänder! Wie funkeln und blitzen ihre Diamanten! Die hohen Buchen stehen dabei gleich ernsten Vätern, die verstohlen lächelnd dem Mutwillen des lieblichen Kindes zusehen; die weißen Birken bewegen sich tantenhaft vergnügt und doch zugleich ängstlich über die gewagten Sprünge; der stolze Eichbaum schaut drein wie ein verdrießlicher Oheim, der das schöne Wetter bezahlen soll; die Vöglein in den Lüften jubeln ihren Beifall, die Blumen am Ufer flüstern zärtlich: O nimm uns mit, nimm uns mit, lieb Schwesterchen! – aber das lustige Mädchen springt unaufhaltsam weiter, und plötzlich ergreift sie den träumenden Dichter, und es strömt auf mich herab ein Blumenregen von klingenden Strahlen und strahlenden Klängen, und die Sinne vergehen mir vor lauter Herrlichkeit ...

Ich kann nicht umhin, hier ebenfalls anzudeuten, daß der Oberharz, jener Teil des Harzes, den ich bis zum Anfang des Ilsetales beschrieben habe, bei weitem keinen so erfreulichen Anblick wie der romantisch malerische Unterharz gewährt und in seiner wildschroffen, tannendüstern Schönheit gar sehr mit demselben kontrastiert: so wie ebenfalls die drei von der Ilse, von der Bode und von der Selke gebildeten Täler des Unterharzes gar anmutig untereinander kontrastieren, wenn man den

*Vielfältige Gegensätze prägen die Harz-Landschaft:
zerklüftete Felsen und anmutige Täler,
reißende Bäche und ruhige Seen, grüne Wiesen und dunkle Wälder.*

Charakter jedes Tales zu personifizieren weiß. Es sind drei Frauengestalten, wovon man nicht so leicht zu unterscheiden mag, welche die Schönste sei. Von der lieben, süßen Ilse, und wie süß und lieblich sie mich empfangen, habe ich schon gesagt und gesungen. Die düstere Schöne, die Bode, empfing mich nicht so gnädig, und als ich sie im schmiededunkeln Rübeland zuerst erblickte, schien sie gar mürrisch und verhüllte sich in einen silbergrauen Regenschleier: aber mit rascher Liebe warf sie ihn ab, als ich auf die Höhe der Roßtrappe gelangte, ihr Antlitz leuchtete mir entgegen in sonnigster Pracht, aus allen Zügen hauchte eine kolossale Zärtlichkeit, und aus der bezwungenen Felsenbrust drang es hervor wie Sehnsuchtseufzer und schmelzende Laute der Wehmut. Minder zärtlich, aber fröhlicher zeigte sich mir die schöne Selke, die schöne, liebenswürdige Dame, deren edle Einfalt und heitere Ruhe alle sentimentale Familiarität entfernt hält, die aber doch durch ein halbverstecktes Lächeln ihren neckenden Sinn verrät; und diesem möchte ich es wohl zuschreiben, daß mich im Selketal gar mancherlei Ungemach heimsuchte, daß ich, indem ich über das Wasser springen wollte, just in der Mitte hineinplumpste, daß nachher, als ich das nasse Fußzeug mit Pantoffeln vertauscht hatte, einer derselben mir abhanden oder vielmehr abfüßen kam, daß mir ein Windstoß die Mütze entführte, daß mir Walddornen die Beine zerfetzten, und leider so weiter. Doch all dieses Ungemach verzeihe ich gern der schönen Dame, denn sie ist schön. Und jetzt steht sie vor meiner Einbildung mit all ihrem stillen Liebreiz und scheint zu sagen: Wenn ich auch lache, so meine ich es doch gut mit Ihnen, und ich bitte Sie, besingen Sie mich! Die herrliche Bode tritt ebenfalls hervor in meiner Erinnerung, und ihr dunkles Auge spricht: „Du gleichst mir im Stolze und im Schmerze, und ich will, daß du mich liebst." Auch die schöne Ilse kommt herangesprungen, zierlich und bezaubernd in Miene, Gestalt und Bewegung; sie gleicht ganz dem holden Wesen, das meine Träume beseligt, und ganz, wie sie, schaut sie mich an, mit unwiderstehlicher Gleichgültigkeit und doch zugleich so innig, so ewig, so durchsichtig wahr. – Nun, ich bin Paris, die drei Göttinnen stehen vor mir, und den Apfel gebe ich der schönen Ilse.

Heinrich Heine,
Reisebilder 1822–1830

*Der sagenumwobenen Roßtrappe liegt der Hexentanzplatz gegenüber.
Er bildet den lokalen Hintergrund der
Walpurgisnacht, einer der eindrucksvollsten Szenen in Goethes „Faust".*

*Das spätgotische Rathaus von Werningerode:
Zwei spitze Erkertürme und ein tiefgezogenes Walmdach mit barockem Türmchen gliedern
die Fassade des schönsten Fachwerkbaus am Harz und in Thüringen.*

In der Krypta der Quedlinburger Stiftskirche stehen die Särge König Heinrichs I. und seiner Gemahlin Mathilde. In der Fürstengruft ruht die schöne Aurora von Königsmarck, Geliebte Augusts des Starken und später Pröpstin des Quedlinburger Stifts.

Am Fuße des Burgbergs in Quedlinburg steht ein schmalbrüstiges Fachwerkhäuschen: der Finkenherd. Hier, so erzählt die Sage, soll Heinrich I. die Kunde von seiner Wahl zum König des Deutschen Reichs erhalten haben.

Von der Ostsee bis zum
Erzgebirge:

Sehenswürdigkeiten in der
Deutschen
Demokratischen Republik

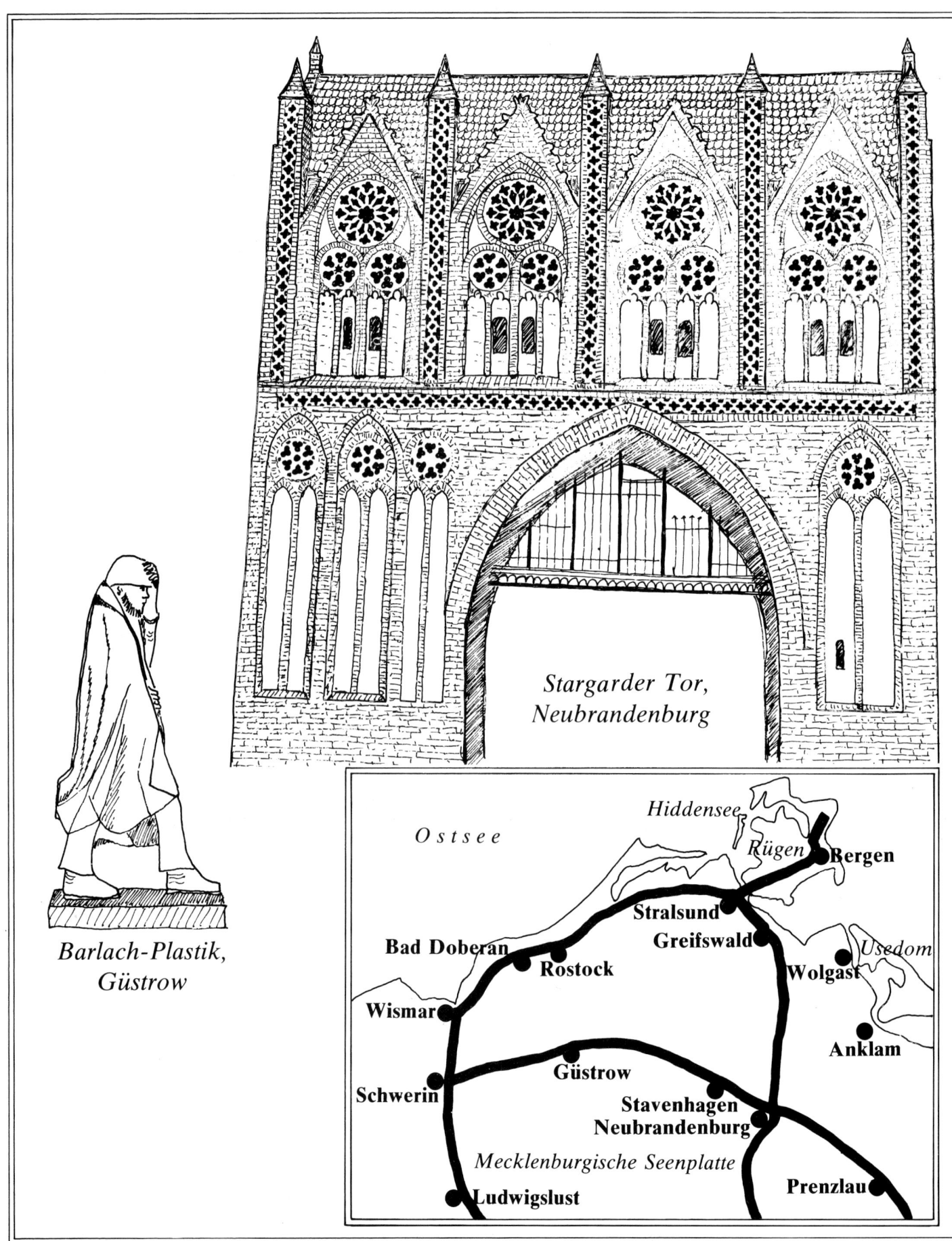

Stargarder Tor, Neubrandenburg

Barlach-Plastik, Güstrow

Rathaus, Stralsund

Marienkirche, Prenzlau

Weiße Sandstrände, buchenwaldgekrönte Kreideklippen, verträumte Inseln und mehr als 30 Seebäder – das ist die Ostseeküste im Norden der Deutschen Demokratischen Republik. Alte Hansestädte locken mit eindrucksvoller Backsteingotik: Von der Rostocker Marienkirche über das Stralsunder Rathaus bis zum Doberaner Münster reicht die Kette sehenswerter Baudenkmäler. Anschließend an die Küste eine Landschaft voll herrlicher Seen und tiefer Wälder: Mecklenburg. Mittelpunkt dieses sanften Hügellandes: die malerische alte Residenzstadt Schwerin mit ihrem mächtigen Wasserschloß.

Ostseeküste

Wismar

Die Hafen- und Werftstadt Wismar gehörte zusammen mit Rostock, Stralsund und Lübeck zum Wendischen Kontor der Hanse. Durch den Niedergang der Hanse und den Dreißigjährigen Krieg wurde Wismars Handel schwer getroffen. Von 1648 bis 1803 stand die Stadt unter schwedischer Herrschaft und war danach noch weitere hundert Jahre an Schweden verpfändet. – Sehenswert: das von Philipp Brandin 1569 bis 1571 erbaute *Schabbelthaus* (Schweinsbrücke 8), in dem heute das Heimatmuseum untergebracht ist. – Von Hofbaumeister Barca errichtetes *Rathaus*, Gerichtslaube am Westflügel und Kellergewölbe des aus dem 14. Jahrhundert stammenden Gebäudes erhalten. Der „*Alte Schwede*" mit seinem Treppengiebel ist das älteste Bürgerhaus der Stadt (1380). Von der im Krieg schwer zerstörten *Marienkirche* steht nur noch der massige Turm, das Archidiakonat, ein spätgotisches Backsteinhaus, wurde restauriert. Erhalten ist die nach dem Vorbild der Marienkirche im 14. und 15. Jahrhundert erbaute *Nikolaikirche*. Im *Fürstenhof,* einem norddeutschen Renaissancebau des 16. Jahrhunderts, ist das Stadtarchiv untergebracht. Am Alten Hafen steht das *Wassertor*, von den zahlreichen Stadttoren als einziges erhalten.

Bad Doberan

Der Kur- und Badeort liegt sechs Kilometer von der Ostseeküste entfernt in einer von waldigen Höhen umgebenen Niederung. Um 1800 machte der Herzog von Mecklenburg Doberan für einige Zeit zu seiner Sommerresidenz. Der Ort wurde Treffpunkt des Schweriner Hofs und des mecklenburgischen Adels. Nach 1840 zog sich die Gesellschaft zurück, es wurde wieder still in Doberan. – Sehenswert: das gotische *Münster* im englischen Park, eine der schönsten Kirchen im Ostseeraum. Der ersten romanischen Kirche, 1232 geweiht, folgte der Bau des Münsters (1294 bis 1368) im kreuzförmigen Grundriß mit Lang- und Querhaus und einem Dachreiter. Ein Turm durfte nach den Vorschriften des Zisterzienserordens nicht gebaut werden, man gestaltete darum die Westfront mit einem hohen Fenster. Der stärkste Eindruck im Innern: der Blick vom Chor durch das Mittelschiff nach Westen. Reiche Kunstschätze gehören dem Münster: zum Beispiel die Marienleuchte, das riesige Triumphkreuz, die flachgeschnitzten Gestühlswangen, die beiden Altäre, Grabsteine, Grabkapellen und Holzfiguren. Vor der Südseite der Kirche steht eine romanische Bogenwand aus der Frühzeit des Klosters, an der Nordseite das Beinhaus, in dessen Kellergewölbe man früher die Knochenreste aus Mönchsgräbern aufbewahrte.

Rostock

Durch seine günstige Lage im Mündungsgebiet der Warnow entwickelte sich Rostock (1218 Stadtrecht) als Ausgangspunkt für die Schiffahrt zur Ostsee und die Warnow stromaufwärts. An der großen Ost-West-Handelsstraße war die Stadt bedeutender Umschlagplatz. Im 14. und 15. Jahrhundert gibt es für Schiffahrt, Schiffbau, Handel und Handwerk einen enormen Aufschwung. Rostock, führendes Mitglied der Hanse, wurde eine reiche Stadt: prachtvolle Kirchen, Rathaus, Bürgerhäuser, Tore und Mauern sollten diesen Reichtum jedermann bezeugen. – Sehenswert: das im Krieg zerstörte *Steintor*, 1954 nach alten Plänen wieder aufgebaut. Ursprünglich im gotischen Stil errichtet, ließ es ein mecklenburgischer Herzog im 16. Jahrhundert abreißen, um die Stadt zu demütigen. Im Renaissancestil bauten es die Rostocker einige Jahre später wieder auf. – Der Baubeginn des *Rathauses* reicht bis ins 13. Jahrhundert zurück. Eine gotische Schauwand wurde durch einen Barockvorbau so verdeckt, daß nur die sieben Türmchen zu sehen sind. Gleich hinter dem Rathaus das *Kerkhofhaus*, ein schönes Giebelhaus aus dem 16. Jahrhundert mit aufstrebendem gotischem Giebel und Terrakotten aus der Renaissance. – Eine der mächtigsten Kirchen des Ostseeraums ist die Rostocker *Marienkirche:* In der zweiten Hälfte des 13. Jahrhunderts begonnen, vergingen etwa 400 Jahre, bis die Kirche fertig war. Vom Turm der Marienkirche herrlicher Blick über die Stadt.

Stralsund

Im Schnittpunkt alter binnenländischer Handelswege entwickelte sich Stralsund (Stadtrecht 1234) bereits im 13. Jahrhundert zum bedeutenden Hafen und Handelsplatz. Einige der großartigsten Bauwerke der norddeutschen Backsteingotik geben noch heute einen Eindruck von Macht und Reichtum Stralsunds im Mittelalter. Die gesamte Alt- oder Innenstadt Stralsunds steht unter Denkmalschutz. – Sehenswert: das über 100 Jahre alte *Kulturhistorische Museum* an der Mönchstraße. Es ist in vierzig Räumen des ehemaligen Dominikanerklosters *St. Katharinen* (kulturgeschichtlich bedeutsame Refektorien und Kreuzgänge) untergebracht. Die Sammlungen reichen von der Ur- und Frühgeschichte über das Mittelalter bis in die Neuzeit. Die Ur- und Frühgeschichtssammlung ist eine der bedeutendsten Sammlungen im Norden Mitteleuropas, zu ihr gehört zum Beispiel der Hiddenseer Goldschmuck aus dem 10. Jahrhundert. – Die *Katharinenkirche*, ein Hallenbau des 13. Jahrhunderts, seit der Reformation durch Umbau entstellt und hauptsächlich als Lagerraum genutzt, wurde in den Ausstellungsbereich der Museen einbezogen und der Öffentlichkeit zugänglich gemacht. – Das *Rathaus* am Alten Markt (Baubeginn 13. Jahrhundert) gehört zu den prächtigsten Profanbauten der niederdeutschen Backsteingotik. Die repräsentative Schauwand an der Marktseite dürfte um 1400 entstanden sein, der von Säulen getragene Umgang im Innenhof stammt aus dem 17. Jahrhundert. Die *Nikolaikirche* (am Alten Markt) ist die älteste der drei erhaltenen Pfarrkirchen der Stadt. Ursprünglich besaß das als dreischiffige Basilika errichtete Gebäude nur einen Turm. Nach 1366 begann man den Bau der zweitürmigen Anlage. Ein von der Jakobikirche ausgehender Brand zerstörte 1662 die beiden spitzen Pyramiden. Der südliche Turm erhielt fünf Jahre später den Barockhelm, der nördliche das Notdach. Das Innere der Kirche birgt wertvolle Kunstschätze. – Die *Marienkirche* am Neuen Markt (heute Leninplatz) unterscheidet sich von der Nikolaikirche durch das Querschiff und den weit vorgelagerten Westbau, mit dessen Turm die Kirche eine Höhe von 104 Metern erreicht. Bei einer Einsturzkatastrophe im 14. Jahrhundert wurden Chor, Turm und Langhaus zerstört. In ihrer heutigen Gestalt ist die Kirche größtenteils eine Bauleistung des 15. Jahrhunderts. Im Innern eine Barockorgel des bekannten Meisters Friedrich Stellwagen. – Die *Jakobikirche* in der Böttcherstraße – ursprünglich ein Hallenbau, im 14. Jahrhundert in eine dreischiffige Basilika umgewandelt – ist von den Stralsunder Kirchen am häufigsten und schwersten beschädigt worden. Im 17., 18. und 19. Jahrhundert wurde sie wiederholt verwüstet, 1944 durch Bomben zerstört. Das wertvolle Bauwerk wird sorgfältig wiederhergestellt.* – Beachtenswert von den unter Denkmalschutz stehenden Gebäuden: das *Johanniskloster* in der Schillstraße mit seinem gotischen Gebäudeteil, in dem seit 1964 kostbare Malereien des 14. und 15. Jahrhunderts entdeckt und freigelegt wurden; das Heilgeisthospital in der Wasserstraße mit seiner spätgotischen Hallenkirche; der *Kampische Hof* in der Mühlenstraße, ein spätgoti-

---

* Restaurationsarbeiten abgeschlossen.

Ostseeküste/Mecklenburg

scher Speicherbau; die Stadtmauer mit dem *Knieper-* und dem *Kütertor* sowie zahlreiche Bürgerhäuser der Gotik, der Renaissance, des Barock und des Klassizismus am Alten Markt, in der Mühlen-, Baden-, Mönch- und Franken-, Semlower-, Fähr-, Ossenreyer- und Heilgeiststraße.

Insel Rügen und Hiddensee

Rügen – 926 Quadratkilometer groß – ist die größte deutsche Insel; ihr landschaftlicher Formenreichtum macht sie zu einem Hauptanziehungspunkt an der Ostseeküste. Steil- und Flachküsten, fruchtbare Böden und prachtvolle Wälder umgeben Badeorte wie Binz, Sellin, Göhren oder Baabe. Zwei unter Naturschutz stehende Gebiete der Insel ragen unter den Sehenswürdigkeiten besonders hervor: das 15 Quadratkilometer umfassende Areal der *Stubnitz* mit der Kreidesteilküste (Stubbenkammer, Wissower Klinten), den Buchenwäldern, dem sagenumwobenen Hertasee und die für Europa einmaligen *Feuersteinfelder von Mukran,* wo Wacholder, Bergahorn, Krähenbeeren und Moosglöckchen wachsen. – Kunstgeschichtlich interessante Baudenkmäler sind die *Dorfkirchen* von Schaprode, Altenkirchen und Vilmnitz, die *Schlösser* Ralswiek und Spycker, der Alte Leuchtturm auf *Kap Arkona* und das Jagdschloß in der *Granitz*.

Ein einmaliges landschaftliches Kleinod ist die nur 18 Quadratkilometer große Insel *Hiddensee*. Sie wurde erst Ende des 19. Jahrhunderts – viel später als Rügen – als Urlaubsparadies entdeckt. Begeisterter Besucher Hiddensees war Gerhart Hauptmann. In einigen seiner Werke wird die enge Beziehung zwischen dem Dichter und der Insel deutlich („Gabriel Schillings Flucht", „Mondscheinlerche"). Auf dem Hiddenseer Inselfriedhof fand Gerhart Hauptmann seine letzte Ruhe.

Greifswald

Der Ort wurde durch Zisterziensermönche aus dem Kloster Eldena vor 1248 angelegt. 1250 erhielt Greifswald Stadtrecht, schon 1278 taucht der Name im Kreis der Hansestädte auf. Wichtigstes Ereignis der mittelalterlichen Stadtgeschichte: die Gründung der Universität im Jahre 1456. Die Hochschule wurde in kurzer Zeit der geistige Mittelpunkt Pommerns, Wissenschaftler von Weltruf lernten und lehrten hier. – Sehenswert: mittelalterliches *Rathaus*. 1713 abgebrannt, nur die Umfassungsmauern des Erdgeschosses blieben erhalten und wurden in einen Neubau einbezogen, der 1750 fertig war. 1936 durchgreifender Umbau, die mittelalterlichen Lauben am Ostgiebel wurden wieder geöffnet. Der einzige alte Raum ist die Ratsstube mit Wandmalereien von 1749 und vergoldeter Stuckdecke. Im Ratskeller gotische Gewölbe. – Die älteste Kirche der Stadt ist *St. Marien,* Beginn des jetzigen Baues im letzten Viertel des 13. Jahrhunderts, Abschluß und Vollendung des Turms Ende des 14. Jahrhunderts, Anbau der Annenkapelle um 1400. Im Innern die großartige Raumwirkung bestechend. Die Kirchen *St. Jakobi* und *St. Nikolai* (Dom) wurden Ende des 13. Jahrhunderts begonnen. – Das *Universitätsgebäude* wurde in den Jahren 1747 bis 1750 in strengem Barock erbaut; bemerkenswert: die 1956 restaurierte Aula mit ihrer von ionischen Holzsäulen getragenen Galerie und der farbenfrohen Innenausstattung, ein für Norddeutschland ungewöhnlich prunkvoller Barocksaal, und der Konzilsaal mit einer wertvollen Sammlung von Portraits aus dem 18. und 19. Jahrhundert. Weitere Kunstschätze der Universität wie die mittelalterlichen Insignien des Rektors, die Rektorenrobe von 1615 oder der Croy-Teppich von 1555 werden nur im Rahmen besonderer Ausstellungen gezeigt. – Aus Gotik, Renaissance, Barock und Klassizismus ist ein sehenswerter Bestand an Wohnhäusern und

Speichern vorhanden, da Greifswald im Zweiten Weltkrieg nicht zerstört worden ist.

Die *Klosterruine Eldena* ist der Rest eines Zisterzienserklosters aus dem 14./15. Jahrhundert. Die Ruine wurde von Caspar David Friedrich, dem Meister der romantischen Malerei, häufig gemalt. – Im Fischerdorf *Wieck,* seit 1939 Ortsteil von Greifswald, gibt es einen ziemlich unversehrt erhaltenen Bestand von Fischerhäusern, wie sie für die südliche Ostseeküste und ihr Hinterland typisch sind: mit Strohdach, weißgekalkter Wand und geteertem Fachwerk. Die gesamte Dorfanlage steht – ebenso wie die altertümlich wirkende, aber erst 1886 erbaute hölzerne Klappbrücke über den Ryck – unter Denkmalschutz.

Insel Usedom

Wie an einer Kette aufgereiht liegt an der Seeküste der Insel Badeort an Badeort: Zempin, Koserow, Zinnowitz, Bansin, Heringsdorf und Ahlbeck. – Das kleine Landstädtchen *Usedom* ist eine uralte slawische Siedlung, die bereits 1298 Stadtrecht erhielt, sich aber nicht weiterentwickelt hat. Bemerkenswert: die Kirche aus dem 13. Jahrhundert, einige alte Häuser am Markt und das Anklamer Tor.

Schwerin

1160 erhielt Schwerin durch Sachsenherzog Heinrich den Löwen das Stadtrecht und ist damit die älteste deutsche Stadtgründung östlich der Elbe. Im 16. Jahrhundert war die Stadt Mittelpunkt des geistig-kulturellen Lebens in Mecklenburg. Herzog Johann Albrecht ließ 1553 das Schloß im Renaissancestil umbauen und die reiche Terrakottendekoration im Innenhof anbringen. Archiv, Bibliothek und Fürstenschule wurden gegründet, führende Wissenschaftler arbeiteten in Schwerin. Große Stadtbrände 1531, 1558 und 1561 haben fast das ganze mittelalterliche Schwerin vernichtet. – Von 1756 bis 1837 verzog der Schweriner Hof in das 35 Kilometer südlich gelegene *Ludwigslust,* wo Baumeister J. J. Busch eine Stadt des Barock und des Klassizismus schuf. Schwerin blieb in dieser Zeit Sitz der Regierung, von 1837 bis 1918 war Schwerin wieder Residenz. – Sehenswert: Bauten des 18. und 19. Jahrhunderts prägen vor allem das Bild der Stadt, zum Beispiel das *Arsenal am Pfaffenteich* (künstlich angelegter Stausee in Stadtmitte), der *Marstall* und das *Kollegiengebäude.* – Das *Schloß* auf der Burginsel ist ein fünfeckiger, mit vielen Türmen und Türmchen verzierter Bau. Stilelemente von Gotik, Barock und Renaissance sind vertreten. Berühmt: die kostbaren Intarsienfußböden, die Seidentapeten und die reich vergoldete Ornamentik in den Sälen des Schlosses. – Vom Burggarten mit mächtigen Trauerbuchen und alten Platanen geht es in den *Schloßgarten* mit Kreuzkanal und terrassenartigen Kaskaden. Die Anlage stammt aus dem 18. Jahrhundert und wurde durch den Berliner Parkarchitekten Lenné im 19. Jahrhundert zum Bürgerpark erweitert. Wertvolle Plastiken aus der Werkstatt Permosers und 1860 angelegte Laubengänge ergänzen den Park. – Zwei besonders repräsentative Gebäude am ehemaligen Paradeplatz *Alter Garten:* das *Mecklenburgische Staatstheater* (1882 bis 1886 neu erbaut) und das *Staatliche Museum.* Die Gemäldegalerie des Museums enthält eine bedeutende Sammlung niederländischer Meister des 17. Jahrhunderts, Malerei und Plastik des 18. Jahrhunderts, Malerei des 19. und der ersten Hälfte des 20. Jahrhunderts (Liebermann, Corinth). – Einer der wenigen Zeugen mittelalterlicher Baukunst in Schwerin: der gotische *Dom.* Im Innern besonders wertvoll der gotische Kreuzaltar (Lübecker Arbeit um 1440), die bronzenen Grabplatten (Ende 14. Jhd.) und die gotischen Taufbecken.

Mecklenburg/Mark Brandenburg

Güstrow

Sehenswert: das berühmte, 1558 bis 1564 erbaute, umfassend restaurierte *Schloß*, der *Dom* mit Apostelfiguren, der berühmte *Bormann-Altar* in der Pfarrkirche und die *St.-Gertruden-Kapelle*. Die St.-Gertruden-Kapelle ist als Barlach-Gedenkstätte eingerichtet und mit weltbekannten Plastiken des Künstlers ausgestattet. Der Bildhauer, Graphiker und Dichter Ernst Barlach lebte von 1910 bis zu seinem Tode 1938 in Güstrow.

Stavenhagen

An der Fernverkehrsstraße von Neubrandenburg nach Rostock liegt Stavenhagen, der Geburtsort Fritz Reuters. Im Geburtshaus des Dichters ist ein *Fritz-Reuter-Literaturmuseum* eingerichtet. – Nahe Stavenhagen stehen im *Ivenacker Tiergarten* tausendjährige Eichen: die stärkste hat einen Umfang von mehr als 13 Metern. Baugeschichtlich interessant: das Ivenacker Schloß.

Neubrandenburg

1248 durch Ritter Herbord von Raven gegründet, gehört Neubrandenburg seit 1299 zu Mecklenburg. 1856 bis 1863 lebte der niederdeutsche Dichter Fritz Reuter hier und machte die Stadt als „Nigenbramborg" durch seine Werke bekannt. „Kein Hüsung", „Ut mine Stromtid" und „Ut mine Festungstid" entstanden in Neubrandenburg. – Sehenswert: die bis heute vollständig erhalten gebliebene *mittelalterliche Wehranlage* mit einer 2300 Meter langen, etwa sechs bis acht Meter hohen Ringmauer, drei Wassergräben sowie zahlreichen Wieckhäusern, Türmen und Stadttoren. (Während die Innenstadt im Zweiten Weltkrieg stark zerstört wurde, blieb die Ringmauer mit den Türmen erhalten.) Kunstgeschichtlich besonders interessant sind das *Treptower Tor* (heute Museum) und das *Stargarder Tor* mit seinen Figuren. Ältestes Stadttor: das *Friedländer Tor*. –

Prenzlau

In der im Zweiten Weltkrieg stark zerstörten Stadt sind bemerkenswert: das ehemalige *Dominikanerkloster* (heute Museum) und die Ruine der *Marienkirche* mit ihrem kunstgeschichtlich interessanten Ostgiebel.

Rheinsberg

Popularität und Anziehungskraft verdankt das kleine Städtchen (5500 Einwohner) dem von Knobelsdorff entworfenen und 1734 bis 1739 erbauten *Rokoko-Wasserschloß* mit seinen wundervollen Parkanlagen. König Friedrich II. lebte als Kronprinz in Rheinsberg und verbrachte hier die wohl glücklichste Zeit seines Lebens. Nach Friedrichs II. Regierungsantritt erhielt der Bruder des Königs, Prinz Heinrich, Schloß und Park.

Templin

Die Kreisstadt hat – ähnlich wie Neubrandenburg – eine fast vollständig erhaltene *mittelalterliche Stadtbefestigung*. Besonders wertvoll: das *Prenzlauer Tor*, ein Backsteinbau aus dem 14./15. Jahrhundert.

Kloster Chorin

Auf einer Halbinsel im Parsteiner See begannen Zisterziensermönche des Stammklosters Lehnin 1258 den Bau der Abtei Mariensee, den sie nach 15 Jahren aufgaben. 1273 bis 1334 wurde dafür Kloster Chorin errichtet. Die in vergangener Zeit verfallene Ruine des berühmten gotischen Backsteinbaus ist inzwischen sorgfältig restauriert und in allen Teilen zugänglich. Charakteristika der Massen- und Flächenarchitektur Chorins sind die harmonische Aufteilung der großen Giebelflächen und die klaren Linien starker Pfeiler und weiter Spitzbogenarkaden. Kühne, steile, oft wandauflösende Maßwerkfenster und schlanke Seitendienste unterstützen die emporstrebende Bautendenz.

Salzwedel

Der Kern der mittelalterlichen Hansestadt ist gut erhalten, er wird von Wasserläufen durchzogen, die an die Fleets niederdeutscher Städte erinnern. Die 1112 erstmals erwähnte Grenzfeste Salzwedel lag an der Kreuzung der Handelsstraße Braunschweig–Werben und der Salzstraße Lüneburg–Magdeburg. Markgraf Albrecht der Bär erhielt 1134 die Burg als Reichslehen, im Schutz der Burg entstand die Altstadt, vor deren Toren um 1247 die Neustadt Salzwedel. Von 1263 bis 1514 gehörten beide Städte zur Hanse. – Sehenswert: der von der *Burg* erhaltene mächtige Bergfried, Teile der *Stadtbefestigung* mit *Neuperver Tor* (um 1475) und *Steintor* (um 1525). – Die ursprünglich spätromanische *Pfarrkirche St. Marien* wurde 1450 bis 1468 spätgotisch umgestaltet und erweitert. Die fünfschiffige Hallenkirche wurde 1956/60 restauriert. Sehenswerte Kunstschätze (zum Beispiel Reste von Wandgemälden, Triumphkreuzgruppe, Flügelaltar). – Der 1582 von Lucas Cranach d. J. für die Franziskaner-Klosterkirche gemalte *Flügelaltar* steht heute im Danneil-Museum der Stadt. – In den malerischen Winkeln der Altstadt schöne Fachwerkhäuser, darunter eine bauliche Seltenheit, das *Hochständerhaus* in der Schmiedestraße. Bemerkenswert auch das geschnitzte „Adam-und Eva-Tor" von 1534 an einem Bau des vorigen Jahrhunderts und das „Ritterhaus" in der Radestraße mit reichem Renaissanceschnitzwerk.

Werben

Sehenswert: Die dreischiffige spätgotische Hallenkirche *St. Johannis* mit reichen Kunstschätzen (Glasmalereien, Flügelaltäre, Kanzel, Leuchter, Taufkessel, Grabdenkmäler) erinnert an die Vergangenheit Werbens als Hanse- und Hafenstadt. Das um 1450 erbaute *Elbtor,* ein Rundturm mit Kuppelgewölben und reicher Zinnengliederung, ist heute Aussichtsturm.

Havelberg

Sehenswert: der im Kern romanische, 1170 geweihte *Dom St. Marien*. Er wurde 1269 gotisch umgebaut, 1330 vollendet; zahlreiche Kunstschätze im Dom (Chorgestühl, Glasmalereien).

Neues Palais, Sanssouci, Potsdam

Uenglinger Tor, Stendal

Rathaus, Tangermünde

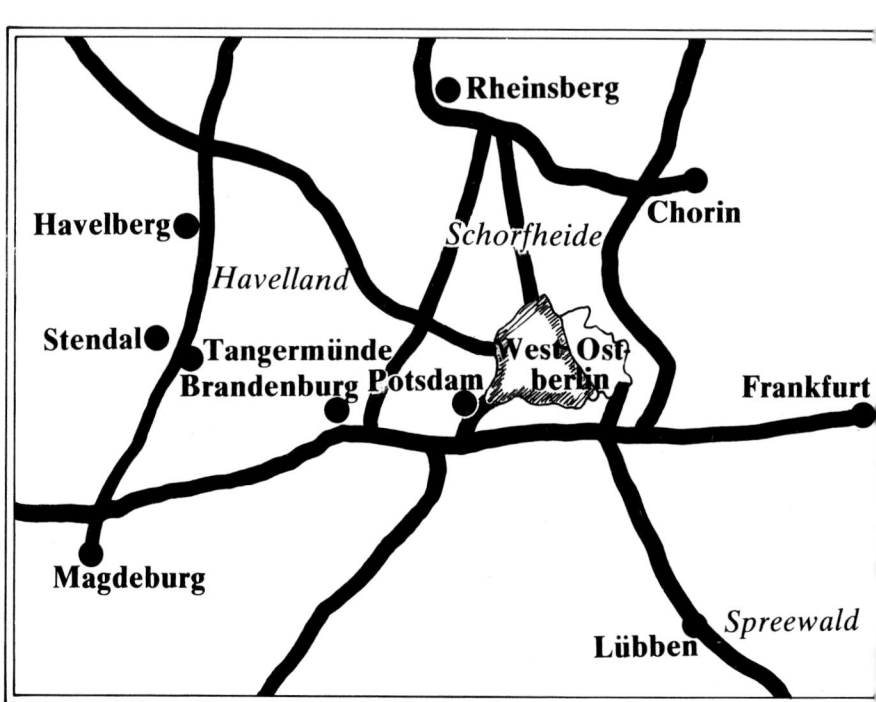

Schloß Rheinsberg

Kloster Chorin

Ob nach Osten, Westen, Süden oder Norden – die nähere und weitere Umgebung Berlins bietet eine Fülle von Ausflugsmöglichkeiten und Sehenswürdigkeiten. Im Südosten der Spreewald – eine romantische Flußinsellandschaft von einmaligem Reiz; im Südwesten das Gebiet der Havelseen – im Mittelpunkt Potsdam, die ehemalige Fürstenresidenz der preußischen Könige mit den prächtigen Parkanlagen und Schloßbauten von Sanssouci. Im Nordosten erstreckt sich das waldreiche Naturschutzgebiet der Uckermark mit Kloster Chorin, Schorfheide und Werbellinsee; in östlicher Richtung liegen Buckow, die „Perle der Märkischen Schweiz" und der sagenumwobene Scharmützelsee.

Rund um Berlin

Potsdam

Seit dem 14. Jahrhundert wird Potsdam als Stadt urkundlich erwähnt. 1536 ging die mittelalterliche Stadt in Flammen auf und verbrannte bis zum letzten Haus. 35 Jahre später standen wieder 192 Häuser mit etwa 2000 Einwohnern. Die seit 1415 in Brandenburg herrschenden Hohenzollern machten Potsdam 1617 zu ihrer Residenz. Von den schweren Verwüstungen des Dreißigjährigen Krieges erholte sich die Stadt nur langsam. Mit dem Regierungsantritt Friedrich Wilhelms I. (1713) entwickelte sich Potsdam zur Garnisonsstadt. Die „langen Kerls" aus der Garde des „Soldatenkönigs" bezogen in Potsdam Quartier. Nach der Thronbesteigung Friedrichs II. im Jahre 1740 begann in Potsdam das Wirken des genialen Architekten G. W. v. Knobelsdorff. Schloß und Park von Sanssouci, Bürgerhäuser und andere Bauten ließ Knobelsdorff nach seinen Plänen und den Wünschen des Königs errichten. Sie prägen das Gesicht Potsdams bis in die Gegenwart. – Potsdam liegt landschaftlich reizvoll an der Havel, umgeben von Wäldern und Seen. Havel und Havelseen umfließen das Land als eine Art Insel, auf der die Stadt liegt. – Sehenswert: *Park und Schlösser von Sanssouci.* Den ältesten Parkbezirk erreicht man unmittelbar durch den Eingang am Obelisken mit der Knobelsdorffschen Portalarchitektur und den beiden Figuren „Flora" und „Pomona" von Glume. Etwas abseits vom Hauptweg steht die als dekoratives Element gedachte *Muschel- oder Neptungrotte.* Die Figuren dieser Knobelsdorffschen Schöpfung stammen von Benkert und Ebenhecht. – Büring war der Baumeister der *Bildergalerie,* die als älteste deutsche Museumsanlage gilt. Das Innere ist ein einziger festlicher Raum, wie er in deutschen Kunststätten kaum seinesgleichen hat. Die wertvolle Sammlung enthält Gemälde von Breughel, van Dyck, Rembrandt, Rubens, Tizian, Watteau und anderen bedeutenden Meistern. Die 18 Marmorstatuen vor dem Gebäude wurden von Benkert, Heymüller und italienischen Bildhauern geschaffen. – 12 Gruppen spielender Kinder schmücken die Marmorbalustrade auf einer Terrasse unterhalb der Galerie, Arbeiten der Potsdamer Meister Räntz, Wohler und Schneck. – Von der gegenüber der Galerie gelegenen *Kleinen Fontäne* mit 8 Büsten von F. Dieussart, den Kurfürsten Friedrich Wilhelm, seine Gemahlin und andere Prinzessinnen und Prinzen des Hauses Oranien darstellend, führt der Hauptweg zur *Großen Fontäne*. Die bedeutendsten Figuren dieses Rondells sind Venus und Merkur von J. B. Pigalle. Die Gruppen „Luft" und „Wasser" stammen von Lambert-Sigisbert Adam, die übrigen Figuren von dessen jüngstem Bruder François-Gaspard. Die Hügelanlage mit dem Schloß Sanssouci auf der Höhe ist eine phantasievoll-malerische Schöpfung G. W. v. Knobelsdorffs. 132 Stufen führen zur oberen Terrasse mit den Bildwerken „Kleopatra" und „Flora", wiederum von François-Gaspard Adam, den italienischen *Porträtbüsten* und den *Nagelwerklauben,* deren östliche den „Betenden Knaben", einen Abguß der römischen Kopie eines griechischen Originals der Lysippschen Schule aus dem 4. Jhd. enthält. Der Gartenfront des *Schlosses Sanssouci* verleihen die paarweise angeordneten Karyatiden den Ausdruck praller Sinnenfreude. Der barocken Südfront steht die frühklassizistische Gestaltung der Nordfront gegenüber, die in den Säulen einer Halbkreiskolonnade ausschwingt. – Baumeister der *Neuen Kammern* – gegenüber dem folgenden Rondell des Hauptwerkes gelegen – war Unger. – Die 8 Figuren des Musenrondells sind Schöpfungen von F. Ch. Glume. – Von Ebenhecht stammen die 4 Figurengruppen des Entführungsrondells. – Südlich des Hauptweges trifft man auf das *Chinesische Teehaus,* das 1754 unter Leitung von J. G. Büring gebaut wurde und an dem eine große Reihe von Bildhauern, Dekorateuren, Malern, Kupfer-

schmieden und anderen großen Meistern mitwirkte. Der zweite Bauabschnitt in Sanssouci begann, als Friedrich II. nach Beendigung des Siebenjährigen Krieges befahl, ein prahlerisches Schloß, das *Neue Palais*, zu bauen. Der 230 m lange prunkhafte Bau mit 322 Fenstern, weit über 200 Wandpfeilern, Kuppeln mit mehrfachen Aufsätzen und der von drei „huldreichen Göttinnen" getragenen Krone ist von 428 Statuen umgeben und enthält eine Vielzahl von Räumen. In sechsjähriger Bauzeit waren mehrere Architekten, zuletzt K. v. Gontard, beteiligt. Er gestaltete auch die in eine prunkvolle Fassade gekleideten Wirtschaftsräume, die *Communs*, die zugleich die westliche Begrenzung des Parkbezirkes bilden. – Auch die beiden dem neuen Palais noch vorgelagerten Bauwerke, der *Freundschafts-* und der *Antikentempel*, stammen von Gontard. 1770 baute Unger das *Drachenhäuschen*. Unmittelbar hinter dieser heute als Gaststätte genutzten Anlage befindet sich eine moderne *Naturbühne* mit mehr als 2000 Sitzplätzen. – Das auf dem Clausberg gelegene *Belvedere* wurde ebenfalls von Unger geschaffen.
Schloß Cecilienhof, im Neuen Garten gelegen und am Ende des Ersten Weltkrieges auf Geheiß des preußischen Kronprinzen errichtet, war vom 17. Juli bis zum 2. August 1945 Schauplatz eines Treffens der Staatschefs der USA, der UdSSR und Großbritanniens. Ergebnis der Konferenz: das Potsdamer Abkommen. – Für *Schloß Charlottenhof* erhielt Baumeister Schinkel 1826 durch Kronprinz Friedrich Wilhelm den Auftrag. Das im italienischen Villenstil angelegte Schloß ist von einem Hausgarten mit einer Pergola, dem Dichterhain, dem Rosengarten und einer „Hippodrom" genannten Gartenanlage umgeben. – Schinkel-Schüler L. Persius errichtete die *Römischen Bäder*. – Westlich des Schlosses entstand 1842 bis 1844 unter Leitung von Persius die *Fasanerie*. – Der von Lenné meisterlich gestaltete *Park Charlottenhof* war 1844 fertig. – 1845 erhielt Lenné den Auftrag, den *Marlygarten* auf der der Stadt zugewandten Seite des Parks von Sanssouci anzulegen. – Nach den Entwürfen von Persius wurde 1845 der Bau der *Friedenskirche* mit freistehendem Glockenturm begonnen. 1848 wurde die Kirche eingeweiht. – Die Persius-Schüler Stüler und Hesse bauten das *Marlyschlößchen* südlich der Friedenskirche. – Friedrich Wilhelm IV. ließ 1851 bis 1857 den Prunkbau der *Neuen Orangerie* errichten. – Zwischen Orangerie und Neuen Kammern liegen der *Nordische* und der *Sizilianische Garten* – eindrucksvolle Leistungen des Gartenarchitekten Lenné.

Brandenburg

Im Jahre 948 wurde die von Heinrich I. unterworfene slawische Havelstadt dem Bistum Brandenburg als Gründungsgeschenk überschrieben. – Sehenswert: die 1320 erbaute *St.-Jakobs-Kapelle*, der spätgotische Backsteinbau der *St.-Katharinen-Kirche* und der schlichte romanische *Dom*, das älteste erhaltene Bauwerk in der Mark Brandenburg, zu dem 1165 der Grundstein gelegt wurde. – Am *Altstädter Rathaus* symbolisiert ein fünf Meter hoher *Roland* die mittelalterlichen Stadtrechte. – Der *Rundturm* am Steintor (31,7 Meter hoch; Basiswandstärke 3,53 Meter) erinnert an die zehn Türme der einstigen Stadtbefestigung.

Tangermünde

Kaiser Karl IV. hatte die Stadt 1373 zur Nebenresidenz erhoben, um die Verbindung Süddeutschlands mit der Hanse herzustellen. Als Hansestadt erlebte Tangermünde um 1400 seine wirtschaftliche Blüte. – Sehenswert: die Reste der 1009 bereits urkundlich erwähnten Burg, die von den Askaniern im 12. Jahrhundert zur stärksten

Rund um Berlin/Altmark

Festung der Mark Brandenburg ausgebaut worden war. – Der mittelalterliche Charakter der Altstadt ist im wesentlichen erhalten. Die alte *Stadtbefestigung* bietet den imposantesten Anblick vom Elbufer aus: vier Türme, darunter der stattliche *Schrotturm* und zwei rechteckige Wehrtürme, erheben sich auf der gewaltigen Backsteinmauer (um 1300). Von den spätgotischen Stadttoren bemerkenswert das *Neustädter Tor* (um 1450, mit reicher Blenden- und Zinnengliederung), das *Hühnerdorfer Tor* und die *Roßfurt*. – Im prachtvollen *Rathaus*, ein spätgotischer Backsteinbau mit reich verziertem Schmuckgiebel, ist ein Museum. – In den beiden Hauptstraßen der Altstadt interessante Fachwerkhäuser aus dem 17./18. Jahrhundert; unter den Grabsteinen in der 1510 vollendeten *Pfarrkirche St. Stephan* sehenswerte Bildhauerarbeiten. Vom 94 Meter hohen Kirchturm hat man einen weiten Blick in die Altmark, über die Elbeniederung und in den Elbe-Havel-Winkel. Man sieht die schlanken Türme der Klosterkirche von *Jerichow*, ein spätromanischer Backsteinbau (Ende 12. Jhd.) mit zahlreichen architektonischen Kostbarkeiten.

Stendal

Um 1165 gründete Albrecht der Bär, Markgraf von Brandenburg, in seinem Dorf Stendal (in der Gegend der heutigen Marienkirche) einen Markt und befreite die Bürger von umfangreichen Zollverpflichtungen. Aufgrund der günstigen Lage Stendals an Handelsstraßen zu den norddeutschen Hafenstädten, nach Brandenburg, Magdeburg und Braunschweig sowie die Mitgliedschaft in der Hanse erlangte die – bis 1530 größte – Stadt der Mark Brandenburg ihr Ansehen. Wirtschaftliche Bedeutung und architektonisch-künstlerische Entwicklung hatten ihren Höhepunkt im Mittelalter. Nach dem Dreißigjährigen Krieg verarmte die Stadt und verlor ihre außerordentliche Stellung. –

Sehenswert: das ungewöhnlich reich gegliederte *Uenglinger Tor* (um 1450), ein typisch bürgerlicher Repräsentativbau und eines der schönsten norddeutschen Stadttore. – Zu den bemerkenswerten Anlagen der alten Stadtbefestigung gehören auch das *Tangermünder Tor* und der *Pulverturm*. – Das gotische *Rathaus*, 1570 bis 1597 im Renaissancestil erneuert, beherrscht den Markt. Vor der Gerichtslaube des spätgotischen Südostflügels der 1525 aus einem Stück gehauene Roland mit 5,9 Meter langem Schwert. – Die *Pfarrkirche St. Petri* (2. Hälfte 13. Jhd.) ist die älteste der Stadt; besonders sehenswerte Kunstwerke im spätgotischen *Dom St. Nikolaus* und in der *Pfarrkirche St. Marien*. – Der größte Sohn der Stadt, der „Vater der klassischen Archäologie", Johann Joachim Winckelmann, erhielt 1859 ein Bronzedenkmal auf dem Winckelmannplatz.

Magdeburg

Die Bezirksstadt zwischen Harz und Havel blickt auf eine über tausendjährige traditionsreiche Vergangenheit zurück. Seine erste Blüte erlebte Magdeburg im 10. Jahrhundert, als die deutschen Kaiser im Rahmen ihrer Ostpolitik die Stadt besonders begünstigten (968 Gründung des Erzbistums Magdeburg). Im 12. Jahrhundert entstanden viele hervorragende Bauten und Meisterwerke der Plastik wie der „Magdeburger Reiter" und die „Klugen und törichten Jungfrauen". Im Mittelalter war Magdeburg eine der bedeutendsten Städte Deutschlands, eine Stellung, die sie später nur noch schwer behaupten konnte. Der Dreißigjährige Krieg beendete – wie für so viele Städte – die glanzvolle Epoche in der Geschichte Magdeburgs, im Mai 1631 sank die Stadt in Schutt und Asche. Der Aufbau dauerte nahezu hundert Jahre. – Die berühmtesten Magdeburger im 17. und 18. Jahrhundert: der geniale Naturwissenschaftler

Otto von Guericke und der Komponist Georg Philipp Telemann, neben Bach und Händel bedeutendster Komponist des deutschen Barock. – Sehenswert: Der Magdeburger *Dom* ist der erste im Grundriß geplante gotische Kathedralbau auf deutschem Gebiet. Er wurde in Abschnitten von 1209 bis 1520 gebaut, hat eine dreischiffige Basilika mit polygonalem Chorumgang und Kapellenkranz sowie einer Doppelturmfassade. Die wichtigsten Kunstwerke im Dom sind die Bronzegußgrabplatten der Erzbischöfe Friedrich von Wettin (gest. 1152) und Wichmann (gest. 1192), die klugen und törichten Jungfrauen (13. Jhd.), der heilige Mauritius (13. Jhd.), das Grab von Erzbischof Ernst (gest. 1495) – Bronzeguß von P. Vischer – und das Mahnmal für die Gefallenen des Ersten Weltkrieges von E. Barlach (1929). – Das *Kloster Unser Lieben Frauen* ist eine romanische Anlage aus dem 11./12. Jhd. Die Kirche, der Kreuzgang mit Brunnenhaus und das Refektorium stellen noch die einheitlichste deutsche Klosteranlage aus dieser Zeit dar. – Das *Rathaus* am Alten Markt zeigt sich heute als Barockbau, der 1691 bis 1714 entstand. Im Nordflügel befinden sich noch Bauteile aus dem 12./13. Jhd. (Ratskeller). – Der *Domplatz* wurde in seiner jetzigen barocken Gestalt (Ost- und Nordseite) in der ersten Hälfte des 18. Jhd. gebaut. Die schönen Barockhäuser, die im Zweiten Weltkrieg sehr stark zerstört waren, sind größtenteils wieder restauriert. – Die *Halle an der Buttergasse*, zu einem beliebten Weinkeller ausgebaut, war das Untergeschoß eines mittelalterlichen Innungs- oder Kaufhauses (12./13. Jhd.) – Der *Magdeburger Reiter* ist das erste deutsche freistehende Reiterstandbild. Er wurde mit seinen beiden weiblichen Begleitfiguren etwa um die Mitte des 13. Jhd. geschaffen. Bis zum Ende des Zweiten Weltkrieges stand er unter einem Baldachin vor dem Rathaus. Jetzt befindet er sich im Kulturhistorischen Museum. Eine Kopie wurde am alten Platz aufgestellt.

Jüterbog

Eine gut erhaltene Stadtmauer mit drei trutzigen Stadttoren, das 1282 gegründete Marienkloster mit einem Zinnengiebel der Backsteingotik, das 1300 erbaute Rathaus und alte Fachwerkhäuser geben Jüterbog historische Atmosphäre. – Bei Restaurierungsarbeiten im 1170 gestifteten Zisterzienserkloster Zinna wurde – unter zum Teil zwanzig Farbschichten verborgen – eine große Anzahl von Fresken freigelegt. Sie gehören zu den schönsten gotischen Wandgemälden in der DDR. Die 1225 geweihte romanische Klosterkirche, die Alte und die Neue Abtei sind besondere Sehenswürdigkeiten.

Lübben

Sehenswert: die *Paul-Gerhardt-Kirche*, ein restaurierter spätgotischer Backsteinbau, mit der Grabstätte des Kirchenliederdichters Paul Gerhardt (1607–1676). Von der im Mai 1945 zerstörten Altstadt noch erhalten: das *Ständehaus* (Barock, 1717) und das *Schloß* mit einem bemerkenswerten Renaissance-Ostgiebel und romanischem Wehrturm.

Lübbenau

Auf den Grundmauern einer alten Wasserburg erbaute Friedrich Schinkel 1817 das klassizistische *Schloß*. Der im englischen Stil gehaltene Schloßpark steht unter Landschaftsschutz. Ein interessantes *Spreewaldmuseum* ist in Kanzlei und Orangerie des Schlosses untergebracht.

St.-Hedwigs-Kathedrale

Inmitten der Märkischen Tiefebene zwischen Wäldern, Flüssen und Seen liegt Berlin, Hauptstadt und meistbesuchtes Reiseziel der DDR. Sehenswürdigkeiten, die in der Welt ihresgleichen suchen, gehören zu den kostbaren Schätzen der Berliner Museen. Das Pergamon-Museum besitzt eine der größten Sammlungen vorderasiatischer Kulturdenkmäler, darunter den bedeutenden Pergamon-Altar. Weltberühmt ist Berlins Prachtstraße „Unter den Linden": In ihren Bauten zwischen Brandenburger Tor, Oper und Dom spiegelt sich ein Stück alter und neuer Geschichte der Stadt.

Berlin

Die historische Geburtsstunde der Stadt Berlin ist im Vergleich zu der anderer deutscher Städte spät, obgleich das Gebiet seit der Steinzeit besiedelt war und aus frühmittelalterlicher Zeit slawische und germanische Siedlungen nachweisbar sind. Aber erst 1237 wird Colonia, 1244 Berlin urkundlich erwähnt. Rasch entwickelte sich der günstig gelegene Doppelort an der Spree zu einem Handelszentrum. Als 1319 das Geschlecht der Askanier ausstarb, begann eine unruhige Zeit, in deren Verlauf Berlin zeitweilig gebannt war, Aufstände und Kämpfe erlebte. Endlich wurde fast 100 Jahre später, 1415, Friedrich I. aus dem Hause Hohenzollern vom Kaiser mit dem Kurfürstentum Brandenburg belehnt. Die Städte Kölln und Berlin aber hatten sich inzwischen an eine gewisse Selbständigkeit gewöhnt, die sie zunächst durch Bündnisse mit den Hansestädten zu wahren suchten. Erst sehr allmählich gewannen die Hohenzollern auch Macht über beide Städte. 1442 begann Kurfürst Friedrich II. auf der Köllner Seite der nun seit elf Jahren vereinigten Doppelstadt mit dem Bau einer befestigten Burg.

Zu einer Renaissancestadt wandelt sich das mittelalterliche Berlin unter dem prachtliebenden, modernen Kurfürsten Joachim II. Die erste Hohenzollernburg weicht einem nicht mehr befestigten Schloß mit Ballhaus, Reit- und Stechbahn. Drumherum entstehen bürgerliche Renaissancehäuser. Diesem ersten Kunstliebhaber unter seinen Herren hat Berlin einerseits viel Prunk zu verdanken, doch andererseits stürzt er es finanziell in den Bankrott.

Der Dreißigjährige Krieg bringt mit Brand, Pest und Verarmung auch für das seit dem 15. Jahrhundert lutherische Berlin einen Rückschlag. Aber der unaufhaltsame Aufstieg beginnt wenig später mit Kurfürst Friedrich Wilhelm, der seit seinem Sieg über die Schweden bei Fehrbellin der Große Kurfürst genannt wird. Er läßt Berlin seit 1685 zur Festung mit Wall und 13 Bastionen ausbauen. Im Wallinnern entstehen neben Berlin und Kölln noch Friedrichswerder und die Dorotheenstadt. Durch des Großen Kurfürsten Gemahlin Luise Henriette von Oranien hält der niederländische Frühbarockstil seinen Einzug in Brandenburg.

Bald nach 1700 hat sich Berlin in eine barocke Residenz gewandelt. Die monumentalen Landmarken dieser Entwicklung sind der Bau des Zeughauses und die entscheidende bauliche Erweiterung des alten Schlosses. Seine zum Schloßplatz gewandte Fassade ist vollendet, als der in Königsberg zum ersten König in Preußen gekrönte bisherige Kurfürst Friedrich III. 1701 unter Salutschüssen und beim Klang der Glocken durch sieben Ehrenpforten in die Stadt einzieht. Seinem Sohn, dem Soldatenkönig Friedrich Wilhelm I., ist die straffe Organisation der nun zwar schon an prächtigen Bauten reichen, aber etwas planlos auswuchernden Stadt zu verdanken. Mit dem Aufstieg Preußens zur Großmacht wandelt sich Berlin zu einer der bedeutendsten Residenzstädte des Rokoko. Der dem Schlosse zu gelegene Teil der Prachtstraße Unter den Linden zeigt noch heute sein friderizianisches Gesicht. Daneben entwickelt sich die Wirtschaft zu bisher nicht dagewesener Höhe.

In der Bürgerschaft wächst langsam eine gebildete Elite heran. Lessing und sein Verleger Nicolai vertreten die geistige Bewegung der Aufklärung, gegen deren Strenge die nach dem Tode Friedrichs des Großen aufkommende Bewegung der Romantik revoltiert. Berlin ist ein, wenn nicht *der* Mittelpunkt des geistigen Deutschland, als sich in den Salons der Dorothea von Kurland, der Henriette Herz und der Rahel Levin Jean Paul, Schleiermacher, E. T. A. Hoffmann, Zelter, Fichte und Hegel, die Humboldts, Schlegels, Arnims und Tiecks treffen.

Die Napoleonischen Kriege bringen Berlin zwei Jahre lang französische Besatzung. Mit Beginn der Friedenszeit nach den Befreiungskriegen geht die

Entwicklung, gefördert durch Männer wie den Freiherrn vom Stein oder Wilhelm von Humboldt, rasch und zielstrebig auf die einer geistig, vor allem aber wirtschaftlich-industriell bedeutenden Großstadt zu. Trotz allen reaktionären Verhaltens des Königs Friedrich Wilhelm IV. ist dann doch 1871 der preußische König als Wilhelm I. zugleich deutscher Kaiser und Berlin Hauptstadt des Deutschen Reiches. Zu dieser Zeit der Reichsgründung hat Berlin über 800.000 Einwohner. 1920 erreicht es nach der Eingemeindung einer Anzahl längst an den Stadtkern herangewachsener Vororte fast vier Millionen.

Die Machtergreifung der Nationalsozialisten im Berliner Reichstag 1933 ist der Anfang vom Untergang der Stadt Berlin. Ab 1943 wird sie ständig bombardiert und ist ein Trümmerfeld, als sie nach der Eroberung durch die sowjetische Armee 1945 zur Viersektorenstadt wird. Die Blockade, der Versuch, die westlichen Besatzer aus der Stadt zu verdrängen, scheitert 1949 zwar, doch besiegelt der Bau der die Stadt durchschneidenden Mauer durch Armee und Polizei der DDR 1961 die Zweiteilung der Stadt.

Sehenswert in Ostberlin:

Das *Rathaus*, wegen seiner Backsteinfassade „Rotes Rathaus" genannt, wurde 1865/1870 erbaut. Sein Turm ist 97 Meter hoch. – Seitlich vom Fernsehturm, dem neuen Wahrzeichen der Stadt, erhebt sich die *Marienkirche*, eine gotische Backsteinkirche vom Ende des 14. Jahrhunderts. Den Turm bekrönte C. G. Langhans 1790 mit der klassizistischen Variante eines gotischen Turmhelms. Im Innern der dreischiffigen Halle eine barocke Kanzel von A. Schlüter, das Wandgrab Sparr von Artus Quellinus und weitere bemerkenswerte Ausstattungsstücke. In der Vorhalle das eindrucksvolle Fresko eines figurenreichen Totentanzes (1485): Menschen jeden Standes holt, trotz ihrer Bitten, der Tod unerbittlich in sein Reich. Das Memento mori fand in dem Zyklus der Marienkirche zum erstenmal in Deutschland eine derartige Gestaltung. – Das *Alte Museum* ist eines der schönsten Bauwerke Schinkels. Es entstand 1824/1828 in Form eines griechischen Tempels mit breiter Säulenvorhalle. Zwei Jahre später wurde er als Königliches Museum eröffnet. Der zentrale Raum des Museums ist eine weite Rotunde, von korinthischen Säulen umstanden, mit hoher Kuppel. Er bildete ursprünglich in beiden Geschossen den monumentalen Ausstellungsort für die schönsten antiken Statuen der Sammlung. Nach sorgfältiger Restauration wurde das alte Museum 1966 als Teil der National-Galerie und für Ausstellungen neu eröffnet. Beachtenswert: die reizvollen Greifen- und Dioskurengruppen auf den Simsen. Die kostbaren Bronzetüren wurden neu gegossen. – An der Spreeseite des Lustgartens steht der *Dom*, ein typisch überladenes Bauwerk aus den Gründerjahren der Wilhelminischen Ära. Die Gruft unter dem stark von Bomben beschädigten Hauptraum ist eine Grablege der Hohenzollern. Hier liegt der Große Kurfürst begraben, und hier stehen die figurengeschmückten Prunksarkophage nach Entwürfen Andr. Schlüters für König Friedrich I. und die Königin Sophie Charlotte. – Die große *Granitschale* seitlich vom Dom wurde 1827 im Lustgarten aufgestellt; sie wurde aus einem riesigen gespaltenen Findling herausgearbeitet. – Auf der *Museumsinsel* hinter dem ehemaligen Lustgarten sind größtenteils die Staatlichen Kunstsammlungen vereinigt. Die National-Galerie (erbaut 1866/1876 von Stüler und Strack) beherbergt Gemälde und Skulpturen des 19. und 20. Jahrhunderts; das Kupferstichkabinett und die neue Kunst sind im Alten Museum untergebracht. – Das sehr stark zerstörte Neue Museum (1855 von Stüler) ist noch nicht wiederhergestellt. – Mit der Front zum Kupfergraben, über einen Brückensteg zugänglich, liegt um einen Ehrenhof das Pergamon-Museum

Berlin

mit dem berühmten Pergamon-Altar. – Das Vorderasiatische und Islamische Museum, die Antikensammlung und das Ostasiatische Museum enthalten weltbekannte Kostbarkeiten. – Die Spitze der Museumsinsel nimmt das Bode-Museum ein (erbaut 1904), das heute den Namen seines Schöpfers, Wilhelm v. Bode, trägt. Es enthält ein Münzkabinett, eine frühchristlich-byzantinische Sammlung, das Ägyptische Museum und eine Gemäldegalerie mit älterer deutscher, italienischer und französischer Kunst. – *„Unter den Linden"* ist wohl immer noch die bekannteste Straße Berlins. Sie hat eine lange Periode Berliner, preußischer und deutscher Geschichte miterlebt. Ursprünglich ein kurfürstlicher Reitweg zum Tiergarten, erhielt sie im 18. Jahrhundert ihre historische Gestalt. Als das *Zeughaus*, ein Meisterwerk des Frühbarock, erbaut wurde, gab es hier noch kein anderes Gebäude. Als Kriegsarsenal unter Kurfürst Friedrich III. 1695 von Joh. Arn. Nering begonnen, zeitweilig von Andr. Schlüter fortgeführt, wurde es 1706 von Jean de Bodt vollendet. Der ursprünglich von François Blondel gelieferte Entwurf variiert die Ostfassade des Louvre in Paris. Die strenge, zurückhaltende Gliederung der Fassaden, die nur an der Schauseite durch die vorspringende, giebelbekrönte Säulenstellung unterbrochen wird, erhält ihre künstlerische Steigerung durch dekorative Plastiken. Ihre Höhepunkte sind Schlüters Masken sterbender Krieger im Innenhof; sie gehören zu den großartigsten Zeugnissen deutscher Barockplastik. Dieses Bauwerk ist, sorgsam restauriert, heute Museum für Deutsche Geschichte. – Gegenüber steht, nach alten Plänen neu errichtet, das *Palais Unter den Linden* (das ehem. Kronprinzenpalais, erbaut 1633, umgebaut 1857). Das *„Berliner Forum"*, der historische Teil der Linden, entstand nach einer Idee des großen Baumeisters v. Knobelsdorff. Er selbst schuf 1741 insbesondere das *Opernhaus*, die heutige Deutsche Staatsoper; 1843 wurde das Gebäude nach einem Brand von Langhans, zum zweiten Mal nach den Zerstörungen im Zweiten Weltkrieg meisterhaft unter Leitung von Paulick neu aufgebaut (Wiedereröffnung 1954). – Zur Linken liegt an der Oberwallstraße das als Opern-Café wiederaufgebaute ehemalige *Prinzessinnenpalais* (1737). Auf der Grünanlage zwischen Café und Deutscher Staatsoper stehen die Standbilder der Helden von 1813 (Scharnhorst, Gneisenau, York und Blücher). Rechts der Oper im Hintergrund die katholische *St.-Hedwigs-Kathedrale:* Den Wünschen Friedrichs II. entsprechend führte Jean Laurent Legeay die Hedwigskirche nach dem Vorbild des Pantheon in Rom, als Rundbau mit Kuppel und Säulenvorhalle, auf. Die 1773 vollendete Kirche war lange Zeit im protestantischen Berlin das einzige katholische Gotteshaus. Bei der Wiederherstellung nach dem Kriege ist die Kuppel vereinfacht worden. – Gegenüber der Oper steht die *„Kommode"*, die frühere Königliche Bibliothek. – Die *Heiliggeistkapelle,* ein Backsteinkirchlein aus dem 14. Jahrhundert mit schönen Maßwerkfenstern, ist eingebaut in die Wirtschaftswissenschaftliche Fakultät der Humboldt-Universität. Die *Humboldt-Universität* im ehemaligen Rokokopalais (nach Entwürfen v. Knobelsdorffs) besteht seit 1810. Neben dem Portal die Marmordenkmäler der Brüder Wilhelm und Alexander v. Humboldt, hinter dem Universitätsgebäude (am Hegelplatz) die Büste von Hegel.

Rechts liegt zwischen Universität und Zeughaus das kleine *„Kastanienwäldchen"*, vor dem die Schinkelsche *Neue Wache* steht. Sie war Schinkels erstes Bauwerk (1818). Dem kleinen Wachhaus zwischen Universität und Zeughaus gab Schinkel eine gewisse Monumentalität durch vier Ecktürme und durch die kubische Geschlossenheit, die nur der dorische Portikus auf vornehme Weise lockert. – Im Hintergrund die ehem. *Zeltersche Singakademie* (heute Theater). – Den Abschluß der Linden bildet das wiedererstandene berühmte *Branden-*

burger Tor (1788/1791 von C. G. Langhans als „Tor des Friedens" erbaut) mit der Schadowschen Quadriga. Es war der erste klassizistische Bau in Berlin; sein Vorbild ist der Eingangsbau der Athener Akropolis, die Propyläen. Die Seitenflügel des Brandenburger Tores, die den Wach- und den Zollsoldaten als Unterkünfte dienten, wurden 1868 nach Beseitigung der Stadtmauer in Fußgängerdurchlässe umgestaltet.

Auf dem alten *Französischen Friedhof* an der Chausseestraße sind die Grabstätten des Malers, Radierers und Zeichners Daniel Chodowiecki und des Schauspielers Ludwig Devrient. Auf dem *Dorotheenstädtischen Friedhof* nebenan sind unter anderem die Grabstätten von Hegel, Fichte, Schadow, Schinkel, B. Brecht und die Urne von H. Mann. – An der Breiten Straße sind neben dem Seitenflügel des Neuen Marstalls zwei Häuser aus dem 17. Jahrhundert erhalten: der *Alte Marstall* (1665/1670) und das *Ribbeckhaus*, ein Patrizierhaus mit Renaissancegiebeln und einem schönen Portal von 1624. Das von vier verzierten Giebeln überragte Stadtpalais der märkischen Familie von Ribbeck – von Fontane besungen – ist Berlins letztes erhaltenes Renaissancehaus. – An das alte Berlin erinnert noch die *Jungfernbrücke* über die Friedrichsgracht. Sie ist die älteste Zugbrücke Berlins. Auf der nächsten Brücke, der Gertraudenbrücke, steht ein Bronzestandbild der heiligen Gertraudis, die aus einem Krug einen fahrenden Schüler labt. – In der Breiten Straße stand das 1703 erbaute *Ermelerhaus*, das Neubauten weichen mußte. Es wurde jedoch erhalten samt seinen Deckengemälden, der Rokokotreppe u. a. und ist am Märkischen Ufer zwischen dem Mühlendamm und dem Bogen der Spree wiedererstanden. Das Märkische Ufer ist als „Traditionsinsel" gedacht. Hierher sind auch zwei Häuser der alten Friedrichsgracht, vom jenseitigen Ufer des Kanals, versetzt worden. – Unweit davon erhebt sich der massige rote Turm des *Märkischen Museums*, des Kulturhistorischen Museums Berlins, mit sehenswerten Sammlungen und Ausstellungen. – Die zerstörte mittelalterliche *Klosterkirche* (1271 als Kirche des Franziskanerklosters erbaut) wie auch die *Nicolaikirche* am Molkenmarkt (in der Anlage das älteste Baudokument Berlins überhaupt) sollen als Mahnmal erhalten bleiben. – An der Waisenstraße begegnet man freigelegten Resten der mittelalterlichen Berliner Stadtmauer. – Lohnend ist der Besuch von *Alt-Köpenick* und der Schloßinsel mit ihrer herrlichen Parkanlage an der Dahme. Hier stand ursprünglich die Burg des Slawenfürsten Jakso von Köpenick. Das jetzige Barockschloß wurde Ende des 17. Jahrhunderts von Rutger von Langenfeld, einem holländischen Baumeister, errichtet. Das Köpenicker Rathaus erinnert an die seinerzeit in der ganzen Welt belachte „Köpenickiade" des Schusters Voigt, der als angeblicher Hauptmann das Rathaus durch eine Gruppe Soldaten besetzen und sich die Stadtkasse aushändigen ließ (1906). Im Köpenicker Kietz sind noch mehrere alte Fischerhäuser erhalten. – *Schloß Niederschönhausen*, ein mittelalterliches Rittergut, erwarb Kurfüst Friedrich III. 1691 und ließ das Gutshaus durch seine Baumeister Nering und Eosander v. Göthe, den Architekten des Charlottenburger Schlosses, umbauen. 1740 bis 1790 war es der Wohnsitz der Gemahlin Friedrichs des Großen und nach dem Tode Friedrich Wilhelms III. der Sommersitz seiner morganatischen Gemahlin, der Fürstin von Liegnitz. Der schöne Park geht in seiner jetzigen Gestalt auf Lenné zurück.

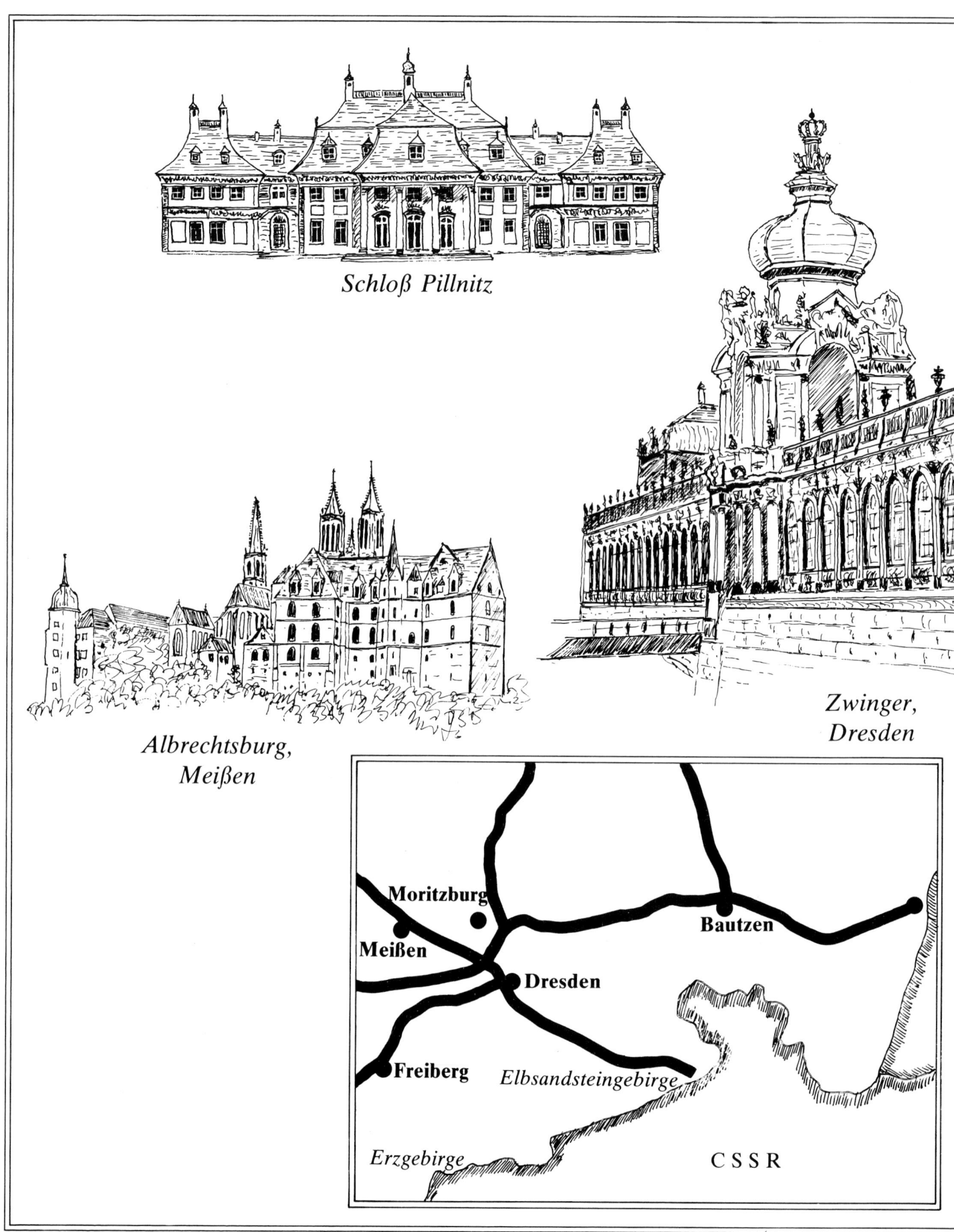

Schloß Moritzburg

Die reizvolle Lage beiderseits der Elbe und die prachtvollen Barockbauten machten Dresden zum „Elbflorenz". Zwinger, Hofkirche und Kreuzkirche sind aus den Trümmern des Zweiten Weltkriegs wiedererstanden. Neben den weltberühmten Kunstschätzen in Gemäldegalerie und Grünem Gewölbe sind sie die Hauptanziehungspunkte der sächsischen Metropole. Schön wie die Stadt ist ihre Umgebung: die Berge und Täler der Sächsischen Schweiz, das von Wäldern umgebene Jagdschloß Moritzburg, die altehrwürdige Bischofs- und Porzellanstadt Meißen. Südöstlich von Dresden liegen die Lausitz mit der alten Festungsstadt Bautzen und das Zittauer Gebirge mit der traditionsreichen Tuchmacherstadt Zittau.

Dresden

Dresden

Das mittelalterliche Dresden, an der Stelle slawischer Niederlassungen entstanden, wurde 1216 mit dem Stadtrecht belehnt. Es entstand eine kleine Stadt mit quadratischem Markt und rechtwinklig sich kreuzenden Straßen, eng bebaut mit Holz- und Fachwerkhäusern, die mehrmals großen Stadtbränden zum Opfer fielen. – Um 1500 wurde Dresden ständiger Sitz der Landesfürsten und damit Residenz. Die Hofgesellschaft bestimmte das städtische Leben: Ein weitläufiges Renaissanceschloß ersetzte die kleine gotische Markgrafenburg. Den Höhepunkt höfischen Lebens brachte das 18. Jahrhundert: In der Regierungszeit von August dem Starken und seinem Sohn Friedrich August II. wurden die Prachtbauten errichtet, die Dresdens Glanz als Residenz und mit ihm den Ruhm ihrer Fürsten über Europa strahlen lassen sollten. Dresden wurde eine der schönsten deutschen Barockstädte: Es entstanden nicht nur die weltberühmten Bauten des Zwingers, der Katholischen Hofkirche, des Japanischen Palais, sondern auch in der Alt- und Neustadt zahlreiche Adelspalais, ganze Straßenzüge reich verzierter Bürgerhäuser, der berühmte Kuppelbau der Frauenkirche. Sie alle vereinte der Barockstil zu einem einzigartigen harmonischen Stadtbild. Die alte Pracht der Stadtpaläste und Bürgerhäuser, die im Februar 1945 dem größten Bombenangriff des Zweiten Weltkrieges zum Opfer fielen, wird nur noch von Bildern bewahrt. – Aber der Zwinger, „der Gipfel des Barock in Europa", wurde in zwanzigjähriger Arbeit erneuert, er ist wieder Zentrum der Altstadt. – Als Stadt der Kunst und Kultur wurde Dresden weltberühmt: Die längste Tradition in der Geschichte der Dresdner Kunstpflege hat die Musik. Bereits im Mittelalter existierte der Kreuzchor, die älteste musikalische Institution der Stadt. Glanzzeiten der Musikpflege erlebte die Stadt unter Heinrich Schütz (1617–1672, Leiter der „Dresdner Kapelle" und Schöpfer der ersten deutschen Oper, „Daphne"), unter J. A. Hasse („Meister der italienischen Oper", ab 1734 Hofkapellmeister, durch den Dresden zum in Europa bekannten Musikzentrum wurde, das auch Bach, Händel und Telemann anzog), unter C. M. v. Weber (sein „Freischütz", Höhepunkt der deutschen musikalischen Romantik, entstand hier) und unter R. Wagner (seine Opern „Rienzi", „Fliegender Holländer", „Tannhäuser" und „Lohengrin" sind hier entstanden; Kapellmeister in Dresden) und zu Beginn des 20. Jahrhunderts mit der Glanzzeit der Dresdner Oper (unter der Stabführung von E. v. Schuch, F. Busch und K. Böhm wurden hier bis 1938 neun Opern von Richard Strauss uraufgeführt). Zwei Orchester führen heute die musikalische Tradition der Stadt fort: die Dresdner Staatskapelle, ein Opern- und Sinfonieorchester von Weltruf, das 1948 sein 400jähriges Bestehen beging, und die Dresdner Philharmonie, 1870 gegründet. – Dresden hat auch enge Bindungen zur Literatur. Zahlreiche Dichter wurden von der Anmut und südlichen Offenheit der türmereichen Stadt inmitten der Elblandschaft angezogen und schufen hier Werke der deutschen und der Weltliteratur: Th. Körner, in dessen Dresdner Vaterhaus Künstler wie Goethe und Schiller zu Gast weilten, H. v. Kleist (Dresdner Werke: „Michael Kohlhaas", „Käthchen von Heilbronn", „Die Hermannsschlacht"), E. T. A. Hoffmann („Undine", „Goldener Topf"), L. Tieck, der als Dramaturg lange Zeit Mittelpunkt des literarischen Lebens Dresdens war, J. J. Winckelmann, der vor den Statuen der Antikensammlung seine Formel „edle Einfalt, stille Größe" fand, die zum künstlerischen Maß seiner Zeit wurde. Berühmte ausländische Dichter, die zeitweilig in Dresden lebten und arbeiteten, waren H. Ibsen („Kaiser und Galiläer" u. a.) und F. M. Dostojewski („Dämonen"). Auch berühmte Vertreter der bildenden Kunst lebten in Dresden: die

Maler der Romantik C. D. Friedrich, Ph. O. Runge und der Norweger C. Dahl, der Arzt, Maler, Naturforscher und Philosoph C. G. Carus, vor allem aber L. Richter, der volkstümlichste deutsche Maler, A. Graff, der große Porträtist, und der Bildhauer E. Rietschel, der für Dresden das Denkmal C. M. v. Webers schuf. Am bekanntesten sind die spätbarocken Stadtansichten des Venezianers Bernardo Bellotto, genannt Canaletto, die die Schönheit der Stadt am Strom zeigen. Am bedeutendsten für die Rolle Dresdens als Kunststadt sind seine Kunstsammlungen. Sie umfassen die beiden Galerien Alte und Neue Meister, das Grüne Gewölbe, die Skulpturensammlung, das Kupferstichkabinett, die Porzellansammlung, das Münzkabinett, das Historische Museum, das Museum für Kunsthandwerk und das Staatliche Museum für Volkskunst. Aus der bescheidenen, 1560 gegründeten Kunstkammer des Kurfürsten August hervorgegangen, blicken sie auf eine wechselvolle 400jährige Geschichte zurück. Besondere Berühmtheit erlangten das Kupferstichkabinett, das zu Beginn des Siebenjährigen Krieges bereits 130.000 und heute etwa 500.000 Blätter umfaßt, die fürstliche Schatzkammer des Grünen Gewölbes mit seinen unermeßlichen Schätzen der Renaissance- und Barockkleinkunst und seinen juwelenverzierten Prunkgegenständen und die Gemäldegalerie, die ihre größten Erwerbungen dem Geltungs- und Repräsentationsbedürfnis Augusts des Starken und dessen Sohnes verdankt. – Sehenswert: Höhepunkt der Dresdner Barockarchitektur ist der *Zwinger*, ein „Festsaal unter freiem Himmel", den Pavillons und Galerien von beschwingten Bauformen umsäumen. Auffallend ist die Überfülle bildhauerischen Schmucks. Der Zwinger wurde 1711/1732 von Landbaumeister M. D. Pöppelmann als repräsentativer Festplatz für den sächsischen Hof unter August dem Starken geschaffen. Die Skulpturen schufen P. Permoser und seine Schüler. Der Wallpavillon ist der jüngste und künstlerisch vollendetste Teil. Das Nymphenbad am Zwingerwall, ein barockes Wasserspiel mit reichem Figurenschmuck, das Kronentor mit der von vier polnischen Adlern getragenen Königskrone und der Pavillon mit dem Glockenspiel aus Meißner Porzellan sind weitere Höhepunkte. Die Gebäude werden heute von den Staatlichen Kunstsammlungen und den staatlichen wissenschaftlichen Sammlungen genutzt. Die Porzellansammlung enthält eine der größten Sammlungen chinesischen, japanischen und Meißner Porzellans, u. a. die monumentalen Dragonervasen. Der Mathematisch-Physikalische Salon zeigt astronomische, nautische, geodätische und andere Instrumente sowie eine wertvolle Uhrensammlung. Im Zwinger befinden sich auch die Zinnsammlung und das Tierkundemuseum. – Den Nordostabschluß des Zwingerhofes im Stil der italienischen Hochrenaissance bildet die *Gemäldegalerie* von G. Semper (1847/1854). 1945 war die Galerie ausgebrannt, bis 1956 erfolgte die Wiederherstellung des Ostflügels, bis 1960 dauerte der Aufbau des Westflügels. Die Außenarchitektur blieb unverändert, im Innern wurde das Gebäude etwas modernisiert. Es beherbergt die Gemäldegalerie Alte Meister mit italienischen Werken des 16. Jahrhunderts von Tizian, Veronese, Correggio und Raffael („Sixtinische Madonna") sowie Werke der niederländischen Meister des 17. Jahrhunderts: Rubens, van Dyck, Vermeer van Delft, Rembrandt. Sie ist eine der bedeutendsten Gemäldesammlungen der Welt. Im Ostflügel ist das Historische Museum mit bedeutender Prunkwaffensammlung des 16. bis 18. Jahrhunderts untergebracht. – Ein *Bronzedenkmal für C. M. v. Weber* von E. Rietschel steht an der Nordwestecke des Galeriegebäudes am Zwingerwall.

Das *Opernhaus* am Theaterplatz, dem monumentalsten der alten Dresdner Plätze, wurde nach Plänen G. Sempers 1871/1878 im Stil der italieni-

Dresden

schen Hochrenaissance errichtet. Die schlichtere erste Semperoper, 1841 vollendet, war 1869 abgebrannt. Markant ist die kraftvolle äußere Gliederung. Den Portalbau überragt die bronzene Pantherquadriga mit Dionysos und Ariadne von F. Schilling. Auffallend ist der reiche Statuenschmuck aus der Welt der Literatur und Musik. 1945 war das Gebäude ausgebrannt und teilweise eingestürzt. Durch umfangreiche Erhaltungsmaßnahmen wurde der Aufbau gesichert. – Die *Altstädter Wache*, ebenfalls auf dem Theaterplatz, wurde im Stil des späten Berliner Klassizismus 1830/1832 von J. Thürmer nach Entwürfen von F. K. Schinkel erbaut. 1945 war sie ausgebrannt, 1955/1956 wiederhergestellt. – Das *Italienische Dörfchen* an der Elbseite des Theaterplatzes ist nach den Häusern italienischer Bauarbeiter benannt, die ab 1738 am Bau der Katholischen Hofkirche beteiligt waren. – Das *Taschenbergpalais* steht an der Südseite des Schlosses. Sein Mittelbau von 1706/1708 ist M. D. Pöppelmanns erste große Arbeit für August den Starken. Das Gebäude war bestimmt für die Gräfin Cosel, Mätresse des Königs. – Die ehemalige *Katholische Hofkirche* (Kathedrale seit 1963 durch päpstliches Dekret) am Theaterplatz ist neben dem Zwinger und der zerstörten Frauenkirche das bedeutendste barocke Bauwerk Dresdens, in italienischem Spätbarock von G. Chiaveri 1739/1754 erbaut. Ihr Turm zeigt einen ovalen Grundriß, 85 Meter hoch. Es handelt sich um eine dreischiffige Anlage mit Prozessionsumgang. Auf dem Hauptschiff und dem es überragenden Hochschiff befinden sich Balustraden mit 78 Statuen, 3,5 Meter hoch, von L. Mattielli. 1945 war die Kirche ausgebrannt, Teile waren durch Sprengbomben zerstört. Der Wiederaufbau der Außenfassade vollzog sich 1946 bis 1954. Die Kunstschätze des Innern, durch Auslagerung oder Ummauerung teilweise erhalten, wurden oder werden noch restauriert, so die holzgeschnitzte Kanzel P. Permosers, das Altarbild „Christi Himmelfahrt" von A. R. Mengs mit dem schweren Goldrahmen, die Silbermannorgel. – Neben dem weiträumigen Theaterplatz ist der *Schloßplatz* von intimem Piazettacharakter. Ursprünglich Elbgelände, wurde er durch Zuschüttung von Brückenpfeilern beim Bau der Katholischen Hofkirche 1738 geschaffen. An drei Seiten wird er von Gebäuden umstanden, dem ehemaligen Landtagsgebäude, dem Georgenbau des Schlosses und der Katholischen Hofkirche. Er bietet einen Ausblick auf Brücke, Strom und Elblandschaft. Berühmt ist der Blick auf das Ensemble des Platzes von den Stufen der Brühlschen Terrasse. Das zerstörte *Schloß* war die ehemalige Residenz der sächsischen Kurfürsten und Könige. Aus der ältesten Markgrafenburg ist es durch wiederholte Vergrößerungen zu einem Komplex zahlreicher Gebäude und mehrerer Höfe gewachsen. 1889 bis 1901 erfolgte ein Umbau im Stil der deutschen Renaissance. Dabei entstand auch der Übergang zur Katholischen Hofkirche und der Neubau des Georgentores mit der Durchfahrt zwischen Schloßstraße und Elbbrücke und dem riesigen vorgeblendeten Renaissancegiebel. Der Aufbau des Georgentores wurde 1967 vollendet. Der Schloßturm, von W. C. v. Klengel endgültig gestaltet, war mit 97 Metern der höchste Turm des alten Dresden. 1945 waren Schloß und Turm ausgebrannt. Ein Wiederaufbau und die Nutzung als Zentrum der Staatlichen Kunstsammlungen sind geplant.[*] Ursprüngliche Renaissancetore am Schloß sind: das Jagdtor zwischen Georgentor und Fürstenzug; das alte Georgentor mit wertvollen italienischen Flachreliefs (1534) an seiner rechten Schmalseite; das Rustikaportal von P. Buchner (1589) an der Schloßstraße. – Das ehemalige *Landtagsgebäude* in der Augustusstraße wurde 1901/1906 erbaut. 1945 brannte es aus und wurde seitdem teilweise wiederhergestellt. – Die *Langgalerie* zwischen Johanneum und Georgenbau mit einem 100 Meter langen, von toskanischen Säulen

---

[*] Der Wiederaufbau ist im Gange; am Stallhof sind die Arbeiten bereits abgeschlossen.

getragenen Arkadengang auf der Hofseite trägt auf der Straßenseite (Augustusstraße) den *Fürstenzug.* Die idealisierende Darstellung der sächsischen Fürsten von W. Walter, ursprünglich in Sgraffito ausgeführt, wurde 1907 auf Porzellankacheln übertragen. Der Fürstenzug ist eine Nachahmung der Wandmalereien, die die Fassaden der repräsentativen Renaissancegebäude Dresdens überzogen. – Neben der Fassade des Johanneums steht die *Schöne Pforte,* ein edles Werk deutscher und italienischer Renaissancekünstler, um 1554 entstanden. 1945 wurde sie stark beschädigt, wird jedoch wiederhergestellt und kommt an den ursprünglichen Standort ins Schloß.* – Vor der Fassade des Johanneums: der *Friedens- oder Türkenbrunnen,* der älteste Brunnen Dresdens. – Die *Frauenkirche* am Neumarkt wurde von Ratszimmermeister George Bähr 1726/1743 errichtet, ein großartiger protestantischer Zentralbau. Mit ihrer Steinkuppel und Laterne galt sie früher als das Wahrzeichen Dresdens. 1945 wurde die Kirche zerstört. Die Ruine soll als Mahnmal erhalten bleiben. – Vor der Ruine steht ein Denkmal Martin Luthers. – Die *Brühlsche Terrasse* als ein Rest der großen Festungswerke der Stadt aus dem 16. Jahrhundert kam im 18. Jahrhundert in den Besitz des Grafen Brühl und wurde zum Brühlschen Garten mit verschiedenen barocken Gebäuden umgestaltet. Bekannt ist sie von Canalettos Stadtansichten. Unter dem russischen Gouverneur Fürst Repnin wurde sie 1814 der Öffentlichkeit zugänglich gemacht und durch Anlage der Freitreppe zum Schloßplatz zur Stadt geöffnet. Die vier Gruppen der Tageszeiten an der Treppe stammen von J. Schilling (1868), 1908 in Bronze gegossen. Weitere Denkmäler Schillings auf der Terrasse sind: E. Rietschel (Bronze, 1876) und G. Semper (Bronze, 1892). Unten an der Mauer der Brühlschen Terasse befindet sich das Moritz-Monument (Sandstein, das älteste Denkmal Dresdens, nach 1553). Auf der Nordostecke der Terrassenmauer, der Jungfernbastei, sind im Laufe der Jahrhunderte mehrere Lusthäuser (Belvedere) entstanden. In einem erfand J. F. Böttger 1707 das Porzellan. Von hier und von der ganzen Terrasse ist der Blick berühmt, durch den sie im 19. Jahrhundert der „Balkon Europas" wurde, Treffpunkt der die Stadt besuchenden Fremden aus der ganzen Welt. – Das an der Brühlschen Terrasse als Zeughaus 1559/1563 erbaute *Albertinum* zählte zu den bedeutendsten Dresdner Rennaissancebauten. Später wurde es mehrfach umgebaut, seit 1887 ist es Museum. Das Gebäude enthält heute wesentliche Teile der Staatlichen Kunstsammlungen: im Erdgeschoß die Skulpturensammlung, die erste große Antikensammlung nördlich der Alpen; im 1. Stock das Grüne Gewölbe mit kostbaren Geräten und Kunstwerken vom 16. bis zum 18. Jahrhundert aus Edelmetallen und Edelsteinen; im 2. Obergeschoß die Gemäldegalerie Neue Meister (vor allem deutsche Malerei des 19. und 20. Jahrhunderts). – Weitere sehenswerte Bauten und Anlagen gruppieren sich um den Altmarkt. Am östlichen Abschnitt das *Landhaus,* als Verwaltungsgebäude für die sächsischen Landstände wurde es 1770/1776 erbaut. Es verkörpert Spätbarock mit einer klassizistischen Fassade an der Landhausstraße und einer geschwungenen doppelläufigen Treppe im Innern. – Die *Kreuzkirche* am Altmarkt ist die älteste Stadtkirche Dresdens. Nach der Zerstörung im Siebenjährigen Krieg wurde sie in der heutigen Form von J. G. Schmid, C. F. Exner und G. A. Hölzer aufgebaut. 1945 erneut zerstört, erfolgte 1946/1954 die Wiederinstandsetzung. Nach dem Kölner Dom besitzt sie das zweitgrößte Geläut aller deutschen Kirchen. Sie ist die Heimstätte des berühmten Kreuzchors. – Der *Gänsediebbrunnen* in der Weißen Gasse stammt von R. Diez (1878).

Der Kulturpark *Großer Garten* ist die älteste und bedeutendste Gartenanlage von Dresden. 1676/1683 wurde er auf damals weit vor der Stadt

---

* Restaurationsarbeiten wurden noch nicht in Angriff genommen.

Dresden und Umgebung

gelegenem Gelände von J. G. Starcke und J. F. Karcher im geometrischen französischen Gartenstil angelegt. In die Jahre 1678/1683 fiel der Bau des *Palais*, des frühesten Barockbaus in Sachsen. Das 1945 ausgebrannte Gebäude wird wieder aufgebaut. Im 18. und 19. Jahrhundert wurde die Strenge der französischen Anlage im Stil des englischen Landschaftsgartens aufgelockert und der Garten vergrößert. – Das *Japanische Palais* auf der Neustädter Seite wurde 1727/1735 von M. D. Pöppelmann, Z. Longuelune und J. de Bodt in spätbarock-klassizistischem Stil für August den Starken errichtet und war zur Aufnahme seiner Porzellansammlung bestimmt.

Die *Große Meißner Gasse* in der Neustadt enthält Reste der ehemals für Dresden charakteristischen bürgerlichen Barockarchitektur, die 1945 fast restlos zerstört wurde. – Das *Reiterstandbild* Augusts des Starken auf dem Neustädter Markt wurde von L. Wiedemann 1736 in Kupfer gegossen und vergoldet; 1956 wurde es wieder aufgestellt.

Meißen

Noch heute ist der Burgberg das weithin sichtbare Kennzeichen der tausendjährigen Stadt Meißen. Hoch über der Elbe, in einer fruchtbaren Landschaft mit Weinanbau gelegen, vereint die eindrucksvolle Baugruppe mit Burg und Dom den Sitz der Markgrafen und der Bischöfe des Mittelalters. Der glanzvollen Zeit ritterlicher Kultur und ihren repräsentativen Bauten folgte in unmittelbarer Nachbarschaft der Baueifer der Bürger. Im Zeitalter der Reformation und Renaissance entstand das Bild der Stadt, wie es trotz vieler Zerstörungen – besonders im Dreißigjährigen Krieg – noch heute zu sehen ist. Als Meißen seine führende Stellung längst an Dresden hatte abgeben müssen, gelangte die Stadt als Heimat der berühmten Porzellanmanufaktur zu neuem, bis heute andauernden Ruhm. Sehenswert: Der *Markt* geht in seiner Anlage auf die zweite Hälfte des 12. Jahrhunderts zurück. In seiner Nähe begegnet man schönen Bürgerhäusern mit den in Meißen häufigen Sitznischenportalen der Renaissance. Außerdem Handwerker- und Patrizierhäuser mit interessanten Portalen, Giebeln und Erkern. – Das spätgotische *Rathaus* (1472/1478 erbaut) ist ein langgestreckter Bau mit steilem, 18 Meter hohem Satteldach über einer nur elf Meter hohen Fassade. Einziger Schmuck dieser riesigen Fläche: die schlanken, feingegliederten Giebel im Stil Arnolds von Westfalen. – Die *Frauenkirche* ist Wahrzeichen der Bürgerstadt am Markt. Die Kirche wurde um 1500 anstelle einer älteren Marktkapelle als spätgotische dreischiffige Hallenkirche mit gotischem Schnitzaltar errichtet. Im Turm – die Turmhaube im Renaissancestil ist von 1547 – enthält sie das erste Porzellanglockenspiel der Welt (1929). – Das *Tuchmachertor* am ehemaligen Friedhof hinter der Frauenkirche wurde 1600 im kräftigen Renaissancestil errichtet (1955/1956 erneuert). – Die schönste Renaissancefassade der Stadt hat *Bahrmanns Brauhaus* unterhalb des ehemaligen Friedhofs. – Der Aufstieg zum *Burgberg* führt über verschiedene Stufenanlagen zwischen den für Meißen charakteristischen kleinen Terrassengärten entlang. Auf der *Burgfreiheit* stand vor der Reformation ein Augustinerchorherrenstift mit der gotischen Afra-Kirche. Seit 1543 hatte Meißen – wie Grimma und Schulpforte – in *St. Afra* eine Fürstenschule; Lessing und Gellert zählten zu ihren Schülern. – Mehrere architektonisch bedeutende *Domherrenhöfe* und andere sehenswerte Häuser sind die Gebäude Freiheit Nr. 1, 2, 6, 7, 11. – Das *äußere Burgtor* stammt aus dem 15. Jahrhundert, die *Burgbrücke* aus dem 13. Jahrhundert. Sie verbindet den Burgberg mit dem Hügel von St. Afra. Ende des 19. Jahrhunderts erhielt das *innere Burgtor* seine jetzige Gestalt. – Auf dem *Domplatz* steht man vor der Westfassade des Doms, links erheben sich Albrechtsburg und Kornhaus, rechts stehen die Domherrenhöfe. Auf steilem Felsplateau steht der 1240 begonnene *Dom* anstelle einer romanischen Basilika. Die berühmteste Bildhauer- und Steinmetzwerkstatt ihrer Zeit, die in Naumburg gearbeitet hatte, schuf um 1260 die überlebensgroßen Stifterfiguren. Von den Naumburgern stammt auch der lebendige Schmuck der Kapitelle und Friese im Chor und am Lettner. Alles einzelne löst sich in dem strengen hochgotischen Raum in der Vielfalt der himmelanstrebenden Bündelpfeiler und Dienste auf: ein Hallenraum von wohltuendem Gleichklang. Die Fürstenkapelle vor dem Westportal ist Grabstätte der Wettiner. Eine stattliche Anzahl sehr schöner Bronzeplatten aus der Nürnberger Vischer-Werkstatt bedeckt den Boden. Im sonnigen Winkel der Südseite liegt ein kleiner malerischer Kreuzgang mit einer Kapelle. – Die *Albrechtsburg* war der modernste fürstliche Wohnsitz seiner Zeit. Sie wurde ab 1471 vom Landbaumeister Arnold von Westfalen als erstes deutsches Wohnschloß anstelle der alten mittelalterlichen Markgrafenburg für die Wettinerherzöge Ernst und Albrecht erbaut. Die klar gegliederte Fassade unter den schlanken Dachgiebeln ist festlich geöffnet, schon Schloß, nicht mehr wehrhafte Burg. Eine Flut von Licht strömt durch die großen hohen Fenster in die zahlreichen Räume. Neu der Vorhangbogen anstelle des Spitzbogens über den Fenstern, eine spätgotische Formerfindung Meister Arnolds. Ein mächtiger Treppenturm, der Große Wendelstein, mit offenen Arkaden, tritt vor die Fassade. Die weiten Säle der beiden Obergeschosse werden umspannt von vielteiligen, kühn geschwungenen spätgotischen Ziergewölben. Kurz nach Abschluß des Baus, dieser „sächsischen Akropolis" über der Elbe, verlegten die Wettiner ihre Residenz nach Dresden, die Burg wurde als Fürstensitz nie genutzt. 1710 bis 1863 war in ihren Räumen die Porzellanmanufaktur untergebracht. – Die *Meißner Porzellanmanufaktur* war die erste in Europa. Sie wurde 1710 in der Albrechtsburg eingerichtet, nachdem Johann Friedrich Böttger 1708/1709 das Porzellan erfunden hatte. 1863 bekam die Manufaktur einen eigenen Bau. Hier geben Schauhalle und Vorführwerkstatt einen guten Überblick über die Geschichte des Meißner Porzellans, das Meißens Weltruf als „Stadt der blauen Schwerter" begründete.

Moritzburg

Das ehemalige Jagdschloß August des Starken – am Ende einer schnurgeraden Chaussee von Dresden aus – steht inmitten schöner Mischwälder und Teiche. Die heutige Anlage errichtete Pöppelmann 1723/1736 anstelle eines älteren Renaissanceschlosses. Auf felsiger Landzunge zwischen zwei Seen gelegen, wirkt das Schloß besonders imposant durch seine vier haubengekrönten mächtigen Ecktürme und durch seine Großterrasse, die mit skulpturgeschmückten Balustraden den Bau in Stockwerkhöhe umzieht. Das seit 1948 als Barockmuseum (berühmte bemalte Ledertapeten) eingerichtete Schloß wurde seit 1968 zum Jagdmuseum umgestaltet. – In der Nähe von Moritzburg liegt das *Fasanenschlößchen*, ein Miniaturbau (nur 13 Meter breit) von 1769/1772. In den winzigen Zimmern ist ein Museum für Vogelkunde und Vogelschutz untergebracht.

Loschwitz

Der heutige Vorort von Dresden entwickelte sich aufgrund seiner reizvollen landschaftlichen Lage inmitten von Weinbergen Ende des 18. Jahrhunderts zu einer vornehmen Villenkolonie Dresdner Bürger. Hier steht das Landhaus der Eltern Theodor Körners, in dem die Dichter Goethe, Kleist,

Dresden und Umgebung/Lausitz

Tieck und Arndt Gäste waren. Während seines Aufenthalts in den Jahren 1785/1787 schrieb Friedrich Schiller im zum Körnerschen Besitz gehörenden Weinberghäuschen am „Don Carlos". – Auf dem Weg von Loschwitz nach Pillnitz kommt man in Dresden-Hosterwitz an der *Fischerkirche Maria am Wasser* (1497) vorüber. Im ehemaligen Winzerhäuschen (Dresdner Straße 144) lebte Carl Maria von Weber von 1818 bis 1826. Er komponierte hier unter anderem Teile des „Freischütz", die Oper „Euryanthe" und die „Aufforderung zum Tanz". Das Haus ist heute Gedenkstätte und kann besucht werden.

Pillnitz

Die Gesamtanlage von Schloß Pillnitz besteht aus dem Wasser- und dem Bergpalais, 1720/1723 von Pöppelmann für August den Starken geschaffen, dem 1818/1822 von Schuricht erbauten Neuen Palais, dem klassizistischen Flügel an der Rückfront des Neuen Palais um den Fliederhof und der Schloßwache. Zwischen den drei Palais liegt der Lustgarten, ursprünglich für die Spiele des Hofs in zwölf Rasengevierte eingeteilt, seit dem 19. Jahrhundert als Schmuckanlage im spätbiedermeierlichen Stil hergerichtet. In der Nordwestecke des Parks liegt der Englische Garten mit geschwungenen Wegen, Teichen und Gehölzgruppen, der 1778/1780 gestaltet wurde. Der rokokoklassizistische Rundtempel (1799) stammt von C. T. Weinling. An der japanischen Kamelie vorüber, der letzten von vier um 1770 nach Europa gebrachten Exemplaren, kommt man zur Orangerie. Hier werden im Winter die subtropischen Gewächse untergebracht, im Frühling und Herbst finden Blumenausstellungen statt. Außerdem gehören zum Park: der Koniferenhain, der Holländische Garten, ein Chinesischer Garten mit Pavillon und ein Palmenhaus.

Heidenau

Hier liegt die zweite barocke Schloß- und Parkanlage in der Umgebung Dresdens, der *Barockgarten Großsedlitz*, der 1719/1728 unter August dem Starken angelegt wurde. Während die Gebäudepläne bis auf einen bescheidenen Schloßbau und die Orangerie nicht verwirklicht wurden, ist der Park eine der vollkommensten sächsischen Anlagen des französischen Gartenstils. Der malerischste Teil des Parks ist die schwungvolle Treppe der „Stillen Musik" mit musizierenden Putten auf den Balustraden, ein Werk von Pöppelmann.

Pirna

Sehenswert: der mittelalterliche Stadtkern mit schönen alten Giebeln, reichverzierten Erkern und Portalen aus Gotik, Renaissance und Barock. – Auf dem Markt ist das *Rathaus* von 1556 besonders bemerkenswert. Sein Barockturm (1788) hat eine Kunstuhr mit Mondphasen. – Von der Südwestecke des Marktes hat man den berühmten „Canaletto-Blick" auf Rathaus, Marienkirche und Sonnenstein. Dieses bekannte Bild malte der berühmte Canaletto um 1750, das Originalgemälde ist im Besitz der Dresdner Gemäldegalerie. – Die sich unmittelbar über der Stadt erhebende *Festung Sonnenstein* (15./17. Jhd.) ist heute Industriegelände.

Cottbus

Im Mittelalter lag Cottbus an der großen Salzstraße, die von Halle nach dem Osten führte, und war Sitz der Leineweberei. Die Niederländer brachten im 16. Jahrhundert die Wollweberei nach Cottbus, aus der sich im 19. Jahrhundert eine bedeutende Textilindustrie entwickelte. – Trotz schwerer Zerstörungen im Zweiten Weltkrieg besitzt die Stadt noch eine Reihe sehenswerter Baudenkmäler: die *Klosterkirche* (13. Jhd.) und die *Oberkirche* (12. Jhd.), Reste der alten *Stadtbefestigung* am Mühlgraben und an der Mauerstraße und den *Spremberger Turm* in der Altstadt; am Altmarkt, am Mühlgraben und in der Sandower Straße stehen Lohgerber-, Tuchmacher- und Leineweberhäuser (z. T. schöne Barockbauten). – In unmittelbarer Nähe von Cottbus liegt der sehenswerte Schloßpark von *Branitz.* Der Schloßpark entstand in der ersten Hälfte des 19. Jahrhunderts, er war die letzte Schöpfung des Fürsten Pückler. Im Garten die Grabpyramide Pücklers. Der Fürst bewohnte das zum Park gehörende Schloß von 1845 bis 1871, heute beherbergt es das Cottbuser Heimatmuseum. – Der berühmteste Park des Fürsten Pückler ist auch nicht weit von Cottbus entfernt: der 1815/1845 entstandene *Park von Bad Muskau.*

Kloster St. Marienstern

Das Kloster, an der Straße von Kamenz nach Bautzen gelegen, wurde 1248/1264 als Zisterzienserinnenstift gegründet. Klosterkirche und Klausurgebäude bilden ein Gebäudeviereck, das von den übrigen Klostergebäuden umstanden und von einer Mauer umschlossen wird. Die *Klosterkirche,* ein rechteckiger, dreischiffiger Hallenbau aus dem ausgehenden 13. Jahrhundert, wurde im 16./17. Jahrhundert umgebaut. Sie erhielt einen barocken Dachreiter und eine barocke westliche Schauseite (1720). Bemerkenswert sind die Glasmalereien der Kirche, einige Altäre aus dem 15. und 16. Jahrhundert und der barocke Hauptaltar aus dem 18. Jahrhundert. Ein stattlicher Barockbau ist der *Neue Konvent,* der 1731/1732 errichtet wurde. Schöne Kreuzgänge verbinden die einzelnen Teile des inneren Gebäudekomplexes.

Kamenz

Die kleine Stadt entstand um 1200 als Marktsiedlung aus einem sorbischen Dorf und einer deutschen Straßenburg an der wichtigsten ostsächsischen Fernverkehrsstraße, der Via regia. Hauptwirtschaftszweige der Stadt: Tuchmacherei, Gerberei und Töpferei. – In Kamenz wurde 1729 der Dichter Gotthold Ephraim Lessing geboren. Lessinggäßchen (mit Geburtshaus) und *Lessingmuseum* erinnern an den großen Sohn der Stadt. – Die historisch und künstlerisch wichtigsten Sakral- und Profanbauten: *Marienkirche* (15. Jhd.), *Katechismuskirche* (14. Jhd.), *Klosterkirche* (16. Jhd.) und *Andreasbrunnen* (1570, Renaissance).

Bautzen

Das fast tausendjährige Bautzen ist mit zahlreichen kulturgeschichtlichen und architektonischen Bauwerken Mittelpunkt des sorbischen Kulturlebens der Oberlausitz. Den Ruf, eine der schönsten Städte Sachsens zu sein, verdankt Bautzen dem vollendeten mittelalterlichen Stadtaufbau und den reizvollen Straßenzügen mit Bürgerhäusern des Barock und Rokoko. Die Stadt liegt auf einem welligen Granitplateau, das nach Westen und Norden mit schroffem Steilabfall zur Spree abbricht, die die Stadt wie ein natürlicher Burggraben umzieht. Die Bürgersiedlung Bautzen, die 1213 Stadtrecht erhielt, gewann rasch wirtschaftliche und politische Macht durch die Lage an zwei Fernverkehrsstraßen: der Via regia, die von Westsachsen über Kamenz, Bautzen, Weißenfels und Görlitz nach Schlesien führte und die Stadt am Nordrand berührte, und der weiter südlich verlaufenden Fränkischen Straße, die – von Dresden und Bischofswerda kommend – südlich am alten Stadtkern vorbeiführte. Im Süden und Osten entwickel-

Lausitz

ten sich als Folge des wirtschaftlichen Aufschwungs, zum Teil aus alten slawischen Siedlungen, Vorstädte, die Anfang des 16. Jahrhunderts durch einen zweiten äußeren Befestigungsgürtel nach außen abgeschirmt wurden. Nach drei Jahrhunderten lebhafter mittelalterlicher Stadtentwicklung folgte eine lange Zeit des Stillstandes, verursacht durch die Hussitenkriege, den Dreißigjährigen Krieg und zahlreiche Stadtbrände. Die Straßen der Stadt zeigen daher fast keine Bauten der Gotik und der Renaissance. Die erste Hälfte des 18. Jahrhunderts brachte neuen wirtschaftlichen Aufschwung und glanzvolles Aufblühen der Bautätigkeit, gekennzeichnet durch reiche Barockbürgerbauten. Nach erneutem Stagnieren durch den Siebenjährigen Krieg 1756/1763 und die Kriege von 1806/1813 ließ erst das 19. Jahrhundert die Stadt wieder wachsen. – Bautzen ist das Zentrum des Sorbentums in der Oberlausitz (Verlag, Kulturhaus, Museum). Die Sitten und Bräuche der Sorben sind zwar im Gebiet von Hoyerswerda und Muskau noch viel lebendiger und mannigfaltiger, aber auch im Bautzener Gebiet haben sich einige alte Bräuche erhalten. Beliebt ist das Osterreiten der katholischen Bauern der umliegenden Dörfer, vor allem in dem Ort Panschwitz-Kuckau, ein kirchlicher Felderumgang, der sich aus der heidnischen Abwehr böser Geister entwickelte. Während die evangelischen Sorben ihre Trachten vor etwa 70 Jahren ablegten, tragen sie die katholischen Sorben noch bei Volksfesten, Hochzeiten und an anderen Feiertagen. Zur Frauentracht gehören neben der schwarzbebänderten Haube, dem Mieder und einem Miedertuch noch ein langer Faltenrock mit Schürze, wobei die Farben Schwarz, Weiß und Grün vorherrschen. – Sehenswert: Zuerst sollte man die Stadt von außen betrachten: Vom linken Spreeufer aus bekommt man den besten Eindruck vom großartigen Stadtaufbau: auf steiler Felsecke über der Spree die Ortenburg, auf der höchsten Geländeerhebung der Petridom als Krone der Stadt, daneben die schlanke Nadel des Rathausturmes und um sie herum die Dächerreihen der Straßen und Gassen, über die die übrigen Turmspitzen herausragen. Darunter fällt der steile Hang mit Häusern und Gärten zur Spree hin ab. Besonders eindrucksvoll sind von außen her die Befestigungsanlagen, zu denen auch die großartige Alte Wasserkunst im Spreetal gehört. – Der Rundgang in der Stadt beginnt beim klassizistischen *Stadttheater* am Lauengraben mit einem Giebelfeld von E. Rietschel (1839), das ursprünglich für G. Sempers Dresdner Hoftheater geschaffen worden war. – Der *Lauenturm* (um 1400) ist einer der ältesten Türme der Bautzener Stadtbefestigung. Kennzeichnend ist seine barocke Bekrönung mit Laterne. – Die *Innere Lauenstraße* hat besonders an der Westseite zahlreiche, nach dem Stadtbrand von 1720 geschaffene barocke Hausfassaden mit reicher Putzgliederung und bewegtem ornamentalem Schmuck. – Der *Markt*, Mittelpunkt der Bürgersiedlung aus dem 12. Jahrhundert, zeichnet sich durch barocke Bürgerhäuser und das 1729/1732 barock umgestaltete Rathaus aus. – Die *Reichenstraße* mit reizvollen Bürgerfassaden des Barocks und Rokokos und dem Reichentor schließt östlich mit dem *Reichenturm* ab, der 1490/1492 als Teil der Stadtbefestigung erbaut wurde. 1715/1718 erhielt der zylindrische Schaft einen viereckigen Aufbau mit barocker Bekrönung aufgesetzt. Am Turm befindet sich ein Renaissancedenkmal Rudolfs II. (1577). – Am *Wendischen Turm* (15. Jhd.) mit seiner Zinnenkrone führt parallel zur Reichenstraße die *Wendische Straße* zurück zur Stadtmitte. – Nach rechts wird der Blick zum *Schülertor* mit einer zierlichen Spitze (15. Jhd.) frei. – Der *Fleischmarkt*, einst Domplatz mit Friedhof, ist umgeben von der wuchtigen, in der Längsachse geknickten Dombreitseite, der Nordfassade des Rathauses mit barockem Treppenhaus im reichgeschmückten, vorgezogenen Mittelteil und den Schauseiten von Wohnhäusern. – Der *Petridom* wurde im Laufe der Jahrhunderte aus einer bescheidenen Kapelle zur spätgotischen, vierschiffigen Hallenkirche erweitert und bietet heute als Simultankirche beiden Konfessionen Raum für den Gottesdienst (nach dem Zweiten Weltkrieg bis Ende der fünfziger Jahre großzügige Restaurierung des Innern). Durch das *Nikolaitor* mit seiner einfachen Haube (15. Jhd.) und dem Relief des Stadtwappens gelangt man zur Ruine der *Nikolaikirche*, die 1440 am Nordhang des Stadthügels errichtet und als Wehrbau in die Befestigungsanlagen einbezogen wurde. – Die *Ortenburg* wurde als Grenzfeste auf steilem Felsen über der Spree errichtet. Von den spätgotischen Umbauten unter dem ungarischen König M. Corvinus ist der Torturm mit der darin befindlichen Schloßkapelle und dem Denkmal des Königs über dem Tor (1486) erhalten. Nach der Zerstörung der übrigen Schloßgebäude im Dreißigjährigen Krieg wurden dem Hauptbau fünf Giebel in Renaissanceformen (1698) aufgesetzt. Im Innern ist sehenswert die frühbarocke Stuckdecke (1662) im ehemaligen Audienzsaal, die in fast vollplastisch modellierten Reliefs wichtige Ereignisse der Lausitzer Geschichte darstellt. – Die *Michaeliskirche* entstand Mitte des 15. Jahrhunderts mit dem ehemaligen Wendischen Friedhof. – Die *Alte Wasserkunst*, fast 50 Meter aus dem Talgrund der Spree aufragend, 1558 von W. Röhrscheid erbaut, hob mit einem von der Spree getriebenen Mühlrad Quell- und Brunnenwasser auf die wasserarme, felsige Hochfläche der Stadt. Gleichzeitig war sie Verteidigungswerk im Befestigungsgürtel. Der fast schmucklose, nur durch seine Umrisse und die Maßverhältnisse wirkende Rundturm mit dem viereckigen, von einem Wehrgang umgebenen Untergeschoß gehört zu den schönsten und interessantesten Bauwerken der Stadt. Seit dem Jahr 1953 birgt der Turm ein technisches Museum.

Görlitz

Die Altstadt von Görlitz gehört zu den ganz wenigen makellos erhaltenen deutschen Städten. Sie weist nicht nur wertvolle Einzelbauten auf, sondern ist auch mit ihren großen und kleinen Platzanlagen und den Dominanten ihrer Türme insgesamt ein städtebauliches Denkmal der Renaissance- und der Barockzeit auf der Grundlage einer mittelalterlichen Stadtanlage. – Sehenswert: Die *Frauenkirche*, eine 1459/1494 erbaute spätgotische Hallenkirche, lag einst vor der Stadtmauer. Interessant ist das doppeltorige Westportal (um 1500, mit Verkündigungsdarstellung in Sandsteinplastik). – Der *Frauenturm* oder *Dicke Turm* wurde als Teil der Stadtbefestigung 1250 erbaut. Seine Renaissancehaube stammt aus dem 16. Jahrhundert. Das spätgotische Stadtwappen ist an der Fassade erkennbar. – Der *Kaisertrutz*, das „große Rondell", 1490 zum Schutz des Westtores angelegt, birgt heute Teile der Städtischen Kunstsammlungen. – Der *Reichenbacher Turm*, ein Wahrzeichen der Stadt, wurde 1485 in seiner jetzigen Gestalt als Torbefestigung errichtet. Im Inneren Teile der Städtischen Kunstsammlungen. – Der *Obermarkt* (heute Leninplatz) wird von drei Türmen wirkungsvoll beherrscht: dem *Reichenbacher Turm* im Westen, dem Turm der *Dreifaltigkeitskirche* und dem *Rathausturm* im Osten. An der Nordseite befindet sich eine geschlossene Häuserzeile aus der Zeit des bürgerlichen Hochbarocks, besonders sehenswert die Häuser Nr. 17, 28, 29. – Die Dreifaltigkeitskirche wurde 1234 gegründet. Der Chor von 1373 ist das älteste Görlitzer Bauwerk, das gotische Langhaus stammt aus dem 15. Jahrhundert (1508 überwölbt). Die Kirche enthält wertvolles Inventar aus dem 15./16. Jahrhundert: zum Beispiel reichgeschnitztes Chorgestühl und einen spätgotischen Schutzaltar („Goldene Maria"). – Seitlich am Platzrand steht der schlanke Kirchturm, genannt der „Mönch", neben

Lausitz/Erzgebirge

dem Turm der *Georgsbrunnen* mit einer Sandsteinplastik aus der zweiten Hälfte des 17. Jahrhunderts, der zur alten Wasserversorgungsanlage von Görlitz gehörte. – Am unteren Ende der Brüderstraße steht der *Schönhof*, das schönste Renaissancebauwerk der Stadt, von W. Roskopf nach einem großen Stadtbrand 1526 errichtet. Es gilt als ältestes datiertes Bürgerhaus der Renaissance auf deutschem Gebiet. Seine reich gegliederte Fassade mit Erker sowie das prächtige Portal sind sehenswert. – An der Westfront des Untermarktes erhebt sich das *Rathaus*. Sein ältester Teil stammt aus dem 14. Jahrhundert. Später erfolgten Anbauten; so wurde der Turm im 18. Jahrhundert auf 60 Meter erhöht und mit einer Barockhaube versehen. Darunter befinden sich zwei historische Uhren. Die geschwungene prächtige Rathaustreppe mit Kanzel und reich ornamentierter Justitiasäule ist eine bedeutende Leistung bürgerlicher Renaissancekünstler (1537/1538, wahrscheinlich von Wendel Roskopf). – Der *Untermarkt* ist das älteste Handelszentrum der Stadt, eine ringförmige Platzanlage um einen Häuserblock, im Osten und Süden umgeben von einer geschlossenen Flucht schöner Renaissance- und Barockfassaden, z. T. über gotischen Erdgeschoßlauben, besonders „Alte Börse" (1706), „Die Waage" (1600), *Ratsapotheke* mit Sonnenuhr von 1550, „Brauner Hirsch" (1722 über gotischen Lauben). – An der Nordseite stehen die „Langen Lauben", Görlitzer Hallenhäuser der Spätgotik mit Erdgeschoßarkaden als ehemalige Verkaufsräume der Tuch- und Waidhändler, im Innern mit zweigeschossiger Verkaufshalle und dahinter mächtiger, drei Stockwerke hoher Stapelhalle. Im Gegensatz zu dieser gotischen Innenarchitektur wurden die Fassaden nach Stadtbränden im Stil der Renaissance und des Barocks gestaltet. (Ein Teil der im Innern stark verunstalteten Tuchhallenhäuser wurde in vorbildlicher Weise rekonstruiert [Untermarkt Nr. 3]). – Die *Neißstraße*, als Verbindung vom Untermarkt zum Flußübergang, zeigt großartige Bürgerhäuser der Renaissance (Nr. 29, das „Biblische Haus", 1570) und des Barocks (Nr. 30, als Haus eines Leinenhändlers 1729 nach dem Vorbild Leipziger Handelshäuser erbaut, seit 1807 Sitz der Oberlausitzischen Gesellschaft der Wissenschaften, seit 1951 Museum). – Durch die *Petersstraße*, mit zahlreichen Fassaden und Portalen des 16. Jahrhunderts und einem charakteristischen Renaissancehof in Nr. 4, gelangt man zur *Peterskirche*, der ältesten Stadtkirche. Sie wurde im 15. Jahrhundert zur heutigen fünfschiffigen Hallenkirche umgebaut. Kennzeichnend sind das spätromanische Hauptportal und die zwei Seitenportale des 16. Jahrhunderts; die neugotischen Türme stammen aus dem 19. Jahrhundert. Die Kirche ist ein hervorragendes Bauwerk der obersächsischen Spätgotik. – Am Nordrand der Altstadt liegen der *Nikolaiturm*, ein Wehrturm der ehemaligen Stadtbefestigung aus dem 13. Jahrhundert, und die *Nikolaikirche*, um 1100 gegründet und zur spätgotischen Hallenkirche umgebaut. – Auf dem *Nikolaifriedhof* befinden sich barocke Grabdenkmäler, das Grab des Schusters und Philosophen der deutschen Mystik J. Böhme (1575–1624) und der Freundin Goethes, Minna Herzlieb.

Zittau

Die Oberlausitz gehörte vom 12. bis zum 17. Jahrhundert zu Böhmen, um 1230 wurde Zittau durch Ottokar von Böhmen gegründet und 1255 zur Handelsstadt erhoben. Zittau erlangte bald wirtschaftliche und politische Macht, der Reichtum seiner Handelsherren prägt das bauliche Gesicht der Stadt. – Sehenswert: die *Innere Weberstraße* mit Barock- und Rokokogiebeln und -portalen stattlicher Bürgerhäuser, der Straßenzug der „*Neustadt*" mit schönen Haustoren und dem massigen Gebäude des *Marstalls* (1511), der

Markt mit Häusern Zittauer Kaufmannsfamilien aus dem 17. und 18. Jahrhundert und das *Rathaus*, das 1840/1845 nach Plänen Schinkels im Stil italienischer Palazzi errichtet wurde. – Mehrere Kirchenbauten dominieren im Stadtbild: die *Kreuzkirche* (1410; im 17./18. Jhd. restauriert) mit quadratischem Schiff nach dem Vorbild böhmischer Kirchen und mit einer spätgotischen Kreuzigungsgruppe; die *Peter-Pauls-Kirche* (Klosterkirche) aus dem 13./15. Jahrhundert mit zweischiffigem gotischem Langhaus und schlankem, 70 Meter hohem Turm. Sie gilt als schönste Kirche der Stadt. Bemerkenswert ist aber auch die von Schinkel 1837 auf den Trümmern einer gotischen Kirche errichtete *Johanniskirche*. – Anziehungspunkte in Zittau sind die *Uhrensammlung* H. Landrocks (über 500 Uhren aus rund vier Jahrhunderten) und die *Blumenuhr* auf dem Ring vor der Fleischerbastei.

Seiffen

Der kleine Ort ist das Zentrum der sächsischen Spielwarenindustrie („Sächsischer Spielzeugwinkel" Seiffen-Grünhainichen-Olbernhau). Im *Spielzeugmuseum* kann man sich informieren, wie die berühmten Nußknacker, Leuchterfiguren, Engel und Krippenfiguren gedrechselt werden (Schauwerkstätte) und wie aus der Feierabendkunst des Bergmanns die weltbekannte Handelsware „Spielzeug aus dem Erzgebirge" wurde.

Weesenstein

Sehenswert ist das *Schloß*. Stufenweise baut sich die auf eine Burg aus dem 13. Jahrhundert zurückgehende Anlage auf, sie gipfelt in einem nadeldünnen Turm mit elegantem Barockhelm (Schloßmuseum). Die Grazie des Rokoko kennzeichnet die Schloßkapelle und einen Emporensaal, der wuchtige Kanzelaltar erinnert an hochbarockes Pathos. (Ein Teil der Dresdner Gemäldegalerie war während des Zweiten Weltkrieges nach Schloß Weesenstein ausgelagert.)

Bärenstein

Sehenswert: Die malerische *Stadtkirche* verdankt der barocken Erneuerung (1738) Empore, Orgelprospekt, Kanzel, Altar und Taufe. Im gotischen Chor (1495) befinden sich interessante Bildnisgrabsteine.

Lauenstein

Sehenswert: die Ruine einer mittelalterlichen *Burg* und das *Renaissanceschloß* mit bemerkenswerten Innenräumen (Anfang 17. Jhd.). Die spätgotische *Stadtkirche* bewahrt Kunstschätze von hohem Wert: Gruftkapelle, Riesenaltar, Epitaphe, Kanzel und Taufstein aus dem Ende des 16. und Anfang des 17. Jahrhunderts.

Freiberg

Die „Stadt auf dem freien Berge", in der jedermann gebührenfrei nach Erzen schürfen durfte, verdankt ihre Entstehung dem Auffinden von Silbererzen bei Rodungsarbeiten um 1170. Bergleute strömten in das Gebiet, Handwerker, Krämer und Kaufleute folgten. Aus drei Siedlungskernen, innerhalb der ersten 40 Jahre nach der Gründung entstanden, wuchs die heutige Altstadt zusammen. Der älteste Kern war die „Civitas Saxonum" (die Sächsstadt), eine Schatzgräbersiedlung mit unregelmäßigem Gassengewirr um die Nikolaikirche im Osten der Altstadt. Nördlich

Erzgebirge

daran anschließend entwickelte sich um den Untermarkt eine vornehmere Hof- und Amtsstadt mit der Pfarrkirche zur Heiligen Maria, dem heutigen Dom, als Mittelpunkt und der Burg des landesherrlichen Vogts zum Schutz der Stadt anstelle des heutigen Schlosses Freudenstein. Die 1210 bis 1220 regelmäßig angelegte Oberstadt, das Kaufmannsviertel um den Obermarkt, mit Rathaus und St. Petrikirche, ist der jüngere Teil der Stadt. Das ummauerte Freiberg stieg rasch zu großem Reichtum auf, sie war im ganzen Mittelalter Sachsens größte und wirtschaftlich bedeutendste Stadt. Die Kurfürsten nutzten sie zeitweilig als Residenz und schufen sich im Dom eine prunkvolle Begräbnisstätte. Nach dem Brand von 1484 entstand das heutige Stadtbild. – 1765 wurde in Freiberg die erste technische Hochschule der Welt, die Bergakademie, gegründet. Alexander von Humboldt, Novalis und Körner zählten zu ihren Schülern. – Sehenswert: Der *Donatsturm* am ehemaligen Donatstor ist ein Rest der alten Stadtbefestigung. Sie bestand ursprünglich aus Innenmauer mit 39 Türmen und 5 Toren, Zwinger, Wallgraben, Außenmauer und vorgelagerten Teichen. – Die *Sächsstadt* (zwischen Donatsturm, Stadtmauer, Meißner Gasse, Herderstraße, Huebnerstraße, Borngasse) mit kleinen Bergmannshäusern und engen Höfen gibt ein Abbild des alten Zustands der Stadt. Schöne Rundportale des 16. Jahrhunderts mit Bergmannszeichen, Jahreszahlen und Inschriften sind dort erhalten. Beachtlich das Haus Pfarrgasse 11 mit reich gestaltetem Sitznischenportal (1541) und einer spätgotischen Decke im Innern. – Die *Nikolaikirche* am Buttermarkt ist in ihrer jetzigen Form ein Barockbau von 1752, ihr gegenüber das 1790 aus einem Patrizierhaus entstandene *Stadttheater*. – Der *Dom* am Untermarkt mit schlichter Außenfassade und gewaltigem Satteldach wurde nach einem Brand 1485 bis 1510 als spätgotische Hallenkirche mit sehr schlanken Pfeilern, Netzgewölbe und umlaufenden Emporen wiederaufgebaut. 1955 begann eine Gesamtrenovierung des Dominnern, dabei wurden alte Deckengemälde entdeckt und in originaler Farbigkeit restauriert. An den Pfeilern sind bemerkenswert die spätgotischen Holzplastiken, an der Chorseite die romanische Kreuzigungsgruppe aus dem ersten Dom. Auf der Westempore steht die riesige, 45stimmige Silbermannorgel (1712/1714), die älteste und größte der noch vorhandenen 31 sächsischen Orgeln des genialen Tonkünstlers und Orgelbauers Gottfried Silbermann. Glanzstück der spätgotischen Ausstattung ist die von Hans Witten geschaffene *Tulpenkanzel* (1520). Der Name kommt von der unverkennbaren Ähnlichkeit des Kanzelkorbs mit einer Tulpenblüte. Der Kanzelfuß ist als Schaft eines romantisch-phantastischen Gewächses gebildet, in dessen Zweigen sich vier kleine Engel tummeln. Eine von Baumstämmen gestützte Treppe führt frei daran empor. Der Korb ist mit den Büsten der vier Kirchenväter Hieronymus, Ambrosius, Augustinus und Papst Gregor geschmückt. Der Chor wurde in der Renaissancezeit durch Nosseni zur *Fürstengruft* umgestaltet. 1563 entstand das freistehende Monumentaldenkmal des Kurfürsten Moritz. An der Südseite des Doms steht ein Werk von europäischem Rang: die berühmte „*Goldene Pforte*" der alten Marienkirche, das älteste und wertvollste deutsche Figurenportal aus dem 13. Jahrhundert. Im überreichen Figurenschmuck ist eine konzentrierte Darbietung des gesamten Bibelinhalts verarbeitet. – Vor dem Westportal des Domes lohnt sich ein Blick in den *Grünen Friedhof*, den Rest des alten Domfriedhofs, und die Kreuzgänge. – Rechts davon steht die *Annenkapelle* mit kunstvollem Deckengewölbe. – Sehenswert am Untermarkt das im gotischen Domherrenhof von 1484 untergebrachte *Stadt- und Bergbaumuseum* mit seinen hervorragenden Sammlungen. – Die weltberühmte Freiberger *Mineraliensammlung* ist in der Bergakademie (Brennhausgasse 14) untergebracht. – Weitere Sehenswürdigkeiten konzentrieren sich am *Obermarkt:* Das Eckhaus Karl-Marx-Straße 27, ein reichgeschmücktes Patrizierhaus mit prächtigem Eckerker, zeigt sich in farbenprächtiger Bemalung und Vergoldung. Der Obermarkt war der eigentliche Mittelpunkt der Stadt, des mittelalterlichen Handelsverkehrs und Gerichtsstätte. Das Gebäude am Obermarkt 17 hat das künstlerisch wertvollste Portal der Frührenaissance (1530) in Freiberg: durchgehender Tier- und Pflanzenschmuck, im Bogenfeld Bergbaudarstellung, im Treppenturm des Hauses eine prächtige Wendeltreppe mit gewundener Spindel. – Älteste Teile des *Rathauses* stammen von 1410, der Turm etwa von 1430, der Renaissanceerker von 1578 mit Wappen und Ritterkopf des „Prinzenräubers" Kunz von Kaufungen, der 1455 auf dem Markt enthauptet wurde (blauer Stein). – Die *Petrikirche* am Obermarkt geht auf eine romanische Basilika aus dem 12. Jahrhundert zurück. Beim Umbau 1728/1734 erhielt sie eine barocke Ausstattung und eine Silbermannorgel.

Marienberg

Sehenswert: Der 1521 abgesteckte, einen Hektar große *Marktplatz* mit schönen Renaissanceportalen und der mächtigen *Marienkirche* erinnert an die kurze Blütezeit des Silberbergbaus. – Von Marienberg aus leicht zu erreichen sind die Wehrkirchen von *Lauterbach* und *Großrückerswalde.*

Karl-Marx-Stadt

Die Stadt entstand vermutlich 1165 als königlicher Fernhandelsmarkt an der Stelle, an der eine alte Salzstraße nach Prag den Chemnitzfluß querte und eine zweite Römerstraße nahe vorbeiführte. Bereits 1136/1137 war von Kaiser Lothar das Benediktinerkloster Chemnitz gestiftet worden, das bis zur Reformation die umliegenden Dörfer beherrschte und dann zu einem Schloß ausgebaut wurde. Ein landesfürstliches Privileg von 1357 wurde von entscheidender Bedeutung für die Fernhändlerniederlassung: Es erteilte vier unternehmenden Bürgern das Bleichmonopol im Umkreis von zehn Meilen und begünstigte Leinenweberei und Leinenhandel in der Stadt. Im 16. Jahrhundert war Chemnitz bereits der größte Produktionsplatz für Webwaren im reichen Kurfürstentum Sachsen. – Bedeutendster Bürgermeister der Stadt war der große Humanist Dr. Georg Agricola (1494–1555), der hier von 1531 bis 1555 wirkte und seine weltberühmt gewordenen Bücher über das Berg- und Hüttenwesen schrieb. Er gilt als der Begründer der modernen Mineralogie und der Montanwissenschaften. – Kurz vor Ende des Zweiten Weltkriegs wurde die blühende Industriestadt schwer zerstört; am 10. Mai 1953 wurde Chemnitz in Karl-Marx-Stadt umbenannt. – Sehenswert: Die wenigen Baudenkmäler, die Chemnitz aus früheren Jahrhunderten besaß, wurden nach 1945 wiederaufgebaut. So der *Rote Turm,* das alte *Rathaus* (Renaissancestil), dessen ehemalige Ratsstube ein prächtiges spätgotisches Sternengewölbe besitzt, und das *Café am Markt* mit seiner reizvollen Barockfassade. – Im *Museum am Theaterplatz* befinden sich unter anderem bekannte Werke des Expressionismus und des Impressionismus. Einzigartig in Europa sind die etwa 250 Millionen Jahre alten verkieselten Baumstämme aus dem Rotliegenden am Ostgiebel des Museums, „der versteinerte Wald". – In der sehr weiten und lichten *Schloßkirche,* einer spätgotischen Hallenkirche, werden zwei schöne Werke des Meisters Hans Witten verwahrt: das gotische Nordportal und auf dem Altar die realistisch gestaltete Geißelsäule. Auch ein gotisches Sakramentshaus und ein Gemälde Lucas Cranachs d. Ä. gehören zur Ausstattung der Kirche. – Im *Schloß-*

Erzgebirge

berg-Museum sind ein Teil des frühgotischen Klosterkreuzgangs und der Renaissancesaal erhalten. – Am westlichen Stadtrand sehenswert die Rabensteiner unterirdischen *Felsendome*, ein stillgelegtes Kalkbergwerk, und die 800 Jahre alte *Burg Rabenstein* (Museum).

Kriebstein

Über die Entstehung von Schloß Kriebstein ist wenig bekannt, die Kapelle zeigt Baumerkmale von um 1200; früheste Erwähnung aber erst 1382, als ein Neubau (bis 1407) begann. Der Folgezeit gehören die Kapellenfresken an. Das burgartige Schloß liegt malerisch über dem Zschopau-Stausee. Es wurde 1866 gut restauriert und ist heute die besterhaltene spätmittelalterliche Burg in Sachsen.

Augustusburg

Auf einer Porphyrkuppe liegt weithin sichtbar der von vier Ecktürmen flankierte, quadratische Renaissancebau, 1567/1573 für den Kurfürsten von Sachsen errichtet. Wuchtige Türme betonen den festungsartigen Charakter dieses großen Jagdschlosses. Sehenswert das mächtige Göpelwerk des 170 Meter tiefen Brunnens. Heute sind im Schloß Heimatmuseum und Zweitakt-Motorrad-Museum untergebracht. Die Kapelle gehört zu den bedeutendsten Schloßkirchen Sachsens. Im Innern steigen in zwei Geschossen zwischen tief eingezogenen Streben die Emporen bis zum Tonnengewölbe an. Auf dem Altarbild (1571) von Lucas Cranach d. J. versammeln sich der Kurfürst und seine zahlreiche Familie zu Füßen des Gekreuzigten. Die Bilder der geschnitzten Kanzelbrüstung sind ebenfalls von Cranach d. J.

Ehrenfriedersdorf

Sehenswert: In der *Nikolaikirche* (14./15. Jhd.) steht einer der prächtigsten Altäre Sachsens, der sechsflügelige Schnitzaltar von Hans Witten. Die Marienkrönung im Mittelschrein flankieren Katharina und Nikolaus, auf den inneren Flügeln folgen Barbara und Erasmus. Die expressiven Gemälde auf der Rückseite und den übrigen Flügeln zeigen Heilige und Passionsszenen. Auch die Schnitzwerke im Gesprenge gehören zur Passion: Ecce Homo, Kreuzigung, Handwaschung Pilati.

Annaberg – Buchholz

Hoch über Zschopau am Pöhlberge trat 1492 Silber zutage. Herzog Georg der Bärtige ließ 1497 eine Stadt auf rechtwinkligem Grundriß mit einer Kirche am Markt anlegen. Von ihr nahm die Stadt den Namen St. Annaberg. Handwerk und Kunstwerk standen im frühen 16. Jahrhundert in hoher Blüte. Mit 8000 Einwohnern im Jahre 1509 übertraf die Stadt damals sogar Leipzig und Dresden. Die Annaberger Münze prägte gewichtige silberne ,,Engelsgroschen" und ,,Schreckenberger". Die ,,Schreckenberger Bergordnung", eine Weiterentwicklung des alten Freiberger Bergrechts, ist die älteste gedruckte deutsche Bergordnung überhaupt (1499/1500). – Als Silber, Blei und Kupfer am Ende des 16. Jahrhunderts versiegten, fand man im Kobalt – und im 19. Jahrhundert im Uran – Bodenschätze. (In Krisenzeiten brachte die Grubenbesitzerin Barbara Uttmann den Annabergerinnen das in Brabant beheimatete Klöppeln bei [1561], bis heute eine gute Verdienstquelle.) – Annaberg ist wiederholt von schweren Stadtbränden heimgesucht worden, darum erinnert nicht mehr so viel in der Stadt an die alte Glanzzeit. – Von monumentaler Wirkung ist die 1499 bis 1520 erbaute spätgotische *St.-Annen-Kirche,* ein gewaltiger dreischiffiger Hallenbau mit einem wundervoll gestalteten Netzgewölbe und einer prachtvollen Ausstattung, die von einigen der bekanntesten Meister des beginnenden 16. Jahrhunderts geschaffen wurde. F. Maidburg ist der Schöpfer von hundert Emporenreliefs, der Tür zur alten Sakristei und der Kanzel. Auf Chr. Walther gehen die Plastiken des Münzer- und Bäckeraltars zurück. Zu den bedeutsamsten Kunstwerken der Kirche gehören die „Schöne Tür" (1512), der Taufstein und die Holzplastik der Schutzmantel-Madonna – alles Schöpfungen Hans Wittens, des größten Bildschnitzers und Bildhauers der Spätgotik in Sachsen. Die meisten Altargemälde in dieser Kirche schreibt man Malern der Cranach-Schule zu. Das Gemälde auf der Rückseite des Altars der Bergknappschaft von der Hand des Zwickauer Malers Hans Hesse überliefert ein anschauliches Bild vom Bergbau- und Verhüttungsbetrieb jener Zeit. – Sehenswert das *Erzgebirgsmuseum* (1887 gegründet) mit umfangreichen Sammlungen über die Geschichte des Erzgebirges und seiner Volkskunst. – Bis zu seinem Tode im Jahre 1559 arbeitete der große Rechenmeister *Adam Ries* („nach Adam Riese") als Bergbeamter in Annaberg. Er verfaßte eines der ersten deutschen Rechenbücher. Sein Wohnhaus steht in der Johannisgasse.

Carlsfeld

Die 1688 nach italienischem Vorbild im Barockstil errichtete *Kirche* ist der älteste Zentralbau Sachsens. Mit flacher geschweifter Kuppel und kräftig gegliederter Laterne weist der Bau schon auf die Dresdner Frauenkirche hin. Im Innern strebt, flankiert von den dreigeschossigen Seitenemporen, der virtuos geschnitzte Kanzelaltar von Joh. Heinr. Böhme d. J. bis zur Orgelempore auf.

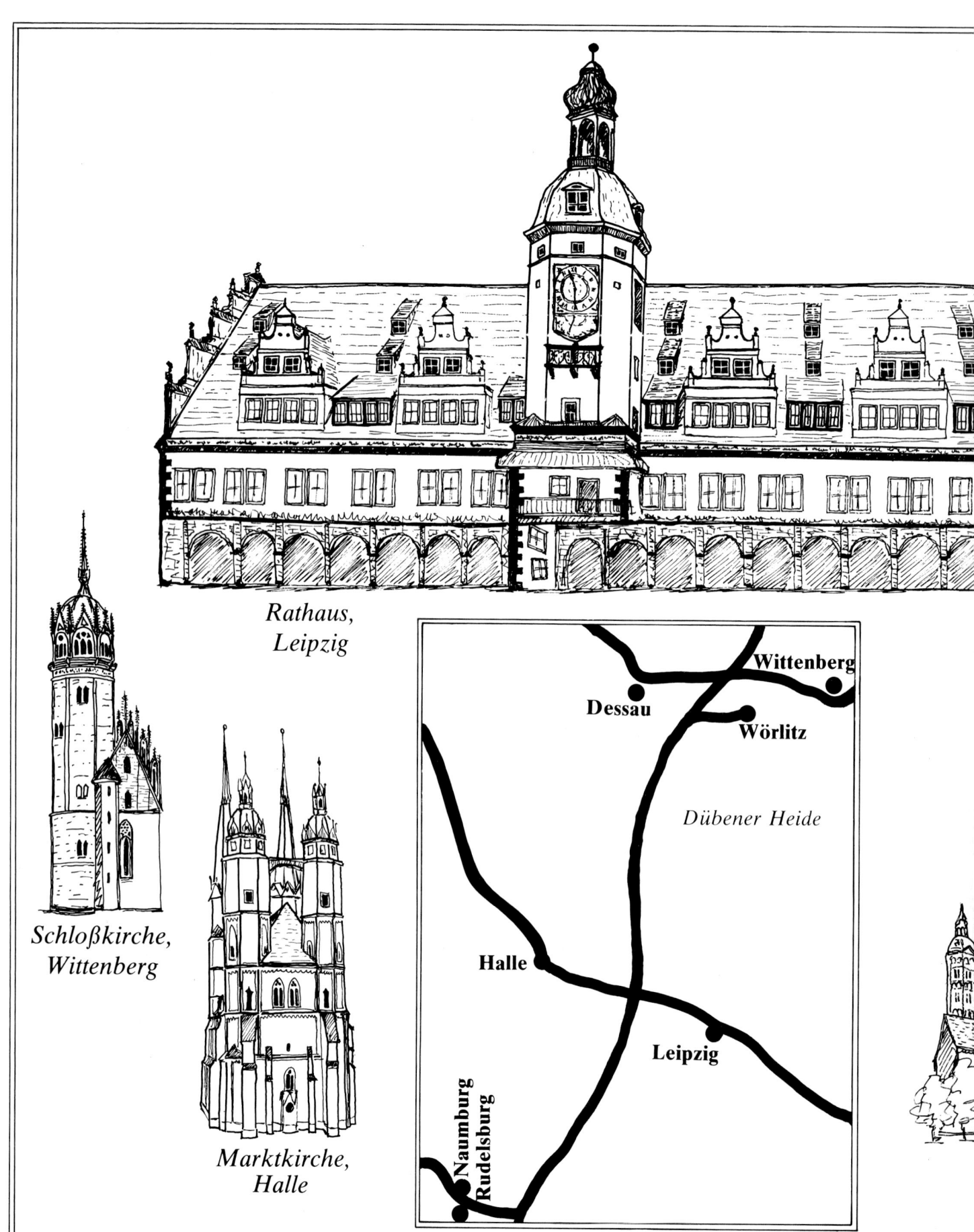

Naumburger Dom

Leipzig, Goethes „Klein-Paris", Stadt der Messen und der Musik, der Bücher und der Bildung, hat an vielen Orten ihr altes Gesicht bewahrt oder liebevoll restauriert: Die Thomaskirche mit dem Grab Johann Sebastian Bachs, der Markt mit dem Alten Rathaus und der Alten Waage, die Mädler-Passage mit Auerbachs Keller erinnern an die jahrhundertealte Tradition der kosmopolitischen Stadt. In der Leipziger Umgebung lohnen die landschaftlich schöne Dahlener und Dübener Heide oder die Gustav-Adolf-Gedenkstätte bei Lützen und Breitenfeld einen Besuch. Etwas weiter entfernt: der romantische Wörlitzer Park mit einem der schönsten klassizistischen Schlösser Deutschlands.

Leipzig und Umgebung

Leipzig

Um 1165 verlieh Markgraf Otto von Meißen der Kaufmanns- und Handwerkersiedlung das Stadtrecht. Marktplatz und Marktkirche waren die Kernpunkte der befestigten Stadtanlage. Leipzig – im Schnittpunkt wichtiger Fernstraßen – wurde frühzeitig ein bedeutender Handelsmarkt. – Zwei für Leipzig grundlegende Ereignisse brachte das 15. Jahrhundert: 1409 die Gründung der Universität und 1497 die kaiserliche Bestätigung von drei Leipziger Jahrmärkten und ihre Erhebung durch Kaiser Maximilian zu Reichsmessen. Leipzigs führende Stellung im Ost-West-Handel war damit anerkannt. Neue Bauten sind Ausdruck des Aufstiegs der Stadt im 15./16. Jahrhundert: spätgotische Hallenkirchen, ein neues Gewandhaus, ein Waage-Gebäude am Markt, ein Renaissance-Rathaus. Die ersten großen Handelshöfe entstanden; ein Befestigungsgürtel, überragt von der landesherrlichen Pleißenburg, sicherte die Stadt. Drei Entscheidungsschlachten des Dreißigjährigen Krieges wurden in der Nähe Leipzigs geschlagen, fünf Belagerungen und Beschießungen erlebte die Stadt, die sich aber von Zerstörungen und Armut schnell erholte. Im 18. Jahrhundert hatte Leipzig die größte Warenmesse Deutschlands, wurde der führende Umschlagplatz für Rauchwaren und deutsche Buchhandelsmetropole. Es entstanden die Barockbauten der Stadt: eine repräsentative Handelsbörse, palastartige Bürgerhäuser, Gärten und Promenaden. Gottsched und Gellert lehrten an der Universität, Johann Sebastian Bach wirkte in der Thomaskirche, die Neuberin spielte Theater, Klopstock, Lessing, Goethe und Jean Paul studierten in Leipzig. – Sehenswert: Die Leipziger Altstadt liegt innerhalb der im 18./19. Jahrhundert entstandenen Ringstraße. An Stelle der historischen Pleißenburg, wo 1519 Martin Luther und Dr. Eck disputierten, wurde 1905 der reichgegliederte, turmüberragte Bau des *Neuen Rathauses* vollendet. – Die spätgotische *Thomaskirche*, wo Johann Sebastian Bach 27 Jahre seines Lebens wirkte und arbeitete, entstand 1950 in alter Form. Seit 1959 befindet sich auch das Grab des großen Komponisten im Chorraum dieser Kirche. Leipzigs ältestes *Bach-Denkmal*, 1843 von Felix Mendelssohn-Bartholdy gestiftet, steht vor der Thomaskirche. Durch den Thomanerchor und seine Kantoren wurde die Thomaskirche zu einer weltweit bekannten Pflegestätte der Bachschen Musik. – Die *Nikolaikirche* ist die älteste Pfarrkirche Leipzigs, sie wurde 1165 anläßlich der Verleihung der Stadtrechte gegründet. 1784 bis 1797 wurde der gotische Bau (mit romanischen Resten) zu einer beachtlichen klassizistischen Kirche umgestaltet. Am Nikolaikirchhof hat sich die alte *Nikolaischule* erhalten. Hier lernten u. a. Richard Wagner, Thomasius und Leibniz. – Der Schnittpunkt von Grimmaischer Straße/Reichsstraße – Neumarkt symbolisiert das alte Straßenkreuz, an dem Leipzig als altes Handelszentrum entstand. Ausstellungshäuser der auch heute als Zentrum des Ost-West-Handels anerkannten Leipziger Messe prägen hier das Straßenbild. – Am Neumarkt 14 steht das Messehaus *Mädler-Passage*, es schafft Verbindungen zu einem ganzen System von Passagen, die aus alten Handelshöfen entstanden sind. Hier liegt auch der Eingang zu „*Auerbachs Keller*", durch Goethes „Faust" weltberühmt gewordener Weinkeller. – Am *Naschmarkt* steht ein Goethe-Denkmal: der Dichter als Leipziger Student im Rokokokostüm. Hintergrund des Denkmals ist der reichgeschmückte Barockbau der *Alten Handelsbörse* (um 1680 erbaut), eines der besten Werke des Hochbarock. – Der rund zehntausend Quadratmeter große *Marktplatz* spiegelt die Bedeutung der Handelsstadt Leipzig wider. An der Ostseite steht das 1556 von Hieronymus Lotter erbaute *Alte Rathaus*, ein zu seiner Zeit hochmoderner, monumentaler Bürgerbau. Der mächtige Rathausturm steht nicht in der Mitte.

Diese Verschiebung aus der Mittelachse ist eine Vorliebe der deutschen Renaissance, die lebhafte rhythmische Gruppierung der symmetrischen Gestaltung vorzieht. – Neben dem Rathaus die 1555 erbaute *Alte Waage*. Interessante alte *Bürgerhäuser* stehen in den Straßen rund um den Marktplatz: in der Katharinenstraße, Hainstraße, Klostergasse und Burgstraße. Bemerkenswert *Barthels Hof* (Markt 8), einer der großen, aus den Messebedürfnissen entstandenen Kauf- und Wirtschaftshöfe des 18. Jahrhunderts. – In der Kleinen Fleischergasse 4 neben dem Haus „Zum Kaffeebaum" befand sich eine der ältesten Kaffeeschänken. – In den Vorstädten weitere Sehenswürdigkeiten Leipzigs: Hinter dem Messegelände der Park mit dem 91 Meter hohen *Völkerschlachtdenkmal* – 1898 bis 1913 zur Erinnerung an den Sieg über Napoleon I. erbaut. – Am Rande des Rosentals (Naturpark) liegt das *Gohliser Schlößchen*, ehemals vornehmes Landhaus eines Leipziger Kaufmanns. Der Bau mit sanft vorgezogener, von Dach und Türmchen gekrönter Mitte, ist heute Bach-Archiv. – In Gohlis erinnert ein schlichtes Bauernhaus an Friedrich Schillers Leipziger Aufenthalt. Hier konzipierte der Dichter im Sommer 1785 das „Lied an die Freude"; als Schlußchor in Beethovens IX. Symphonie wurden die Verse weltberühmt. – 18 Museen und Gedenkstätten in Leipzig bewahren einen kaum übersehbaren Reichtum an Dokumenten und Kunstschätzen (u. a. Museum für bildende Künste, Deutsches Buch- und Schriftmuseum, Museum für Völkerkunde, Deutsche Zentralbücherei für Blinde).

Halle

Sehenswert: der großzügige Markt mit seinem Wahrzeichen, der *Marktkirche* (1554 vollendete, dreischiffige Hallenkirche mit vier Türmen), in der Martin Luther mehrmals gepredigt hat. Hier war Friedemann Bach, der älteste Sohn Johann Sebastian Bachs, fast 20 Jahre lang als Organist angestellt. – Der „*Rote Turm*", ein 1418 bis 1506 „Zur Zierde der hochberühmten Stadt Halle" erbauter freistehender Glockenturm, wurde im Zweiten Weltkrieg schwer beschädigt. Mit dem zerstörten Dach, das wiederhergestellt wird, hatte der Turm eine Höhe von 84 Metern.* – Denkmal und Geburtshaus (Nicolaistraße 5) Georg Friedrich Händels erinnern an den 1685 in Halle geborenen großen Komponisten. – Der *Dom* war ursprünglich Kirche des im 13. Jahrhundert gegründeten Dominikanerklosters. Kardinal Albrecht, der Halle zu einem Gegenpol des lutherischen Wittenberg machen wollte, gründete 1520 das „Neue Stift", aus dem eine Universität hervorgehen sollte, und bestimmte die Klosterkirche zur Stiftskirche. Die dreischiffige frühgotische Hallenkirche wurde reich ausgestattet und bekam ein Dachgiebelkreuz im Renaissancestil. Als 1541 die Reformation nach Halle kam, wurde das Stift aufgelöst. Das meiste der prunkvollen Ausstattung nahm Kardinal Albrecht mit nach Aschaffenburg. – 1503 war Erzbischof Ernst von Magdeburg nach neunzehnjähriger Bauzeit in die *Moritzburg* eingezogen. Der mächtige viereckige Bau bedeutete für Halle den Abschluß der Gotik. An jeder Ecke der von tiefen Gräben umgebenen Vierflügelanlage waren starke Bastionen angelegt. Die Burg hat im Schmalkaldischen und im Dreißigjährigen Krieg eine Rolle gespielt. Während der Belagerung durch die Schweden brannte sie 1637 aus; die Ruine verfiel. Im letzten Jahrhundert wurden Teile wieder aufgebaut und als Museum genutzt. – Bemerkenswert an der Kirche *St. Moritz* (1388) der reiche plastische Schmuck. Beispiel: der von Konrad von Einbeck mit Bildhauerarbeiten überzogene, figurengeschmückte, große und lichte Chor. Als Konsolfigur hat sich Konrad von Einbeck selbst dargestellt; das ist, um 1410, eines der frühesten Selbstbildnisse der deutschen Kunst.

---

* Restaurationsarbeiten abgeschlossen.

Leipzig und Umgebung

Bad Lauchstädt

Das kleine Bad spielte in der deutschen Klassik eine bedeutende Rolle. Im damaligen Kur- und Modebad entstand 1802 auf Initiative und nach Plänen Goethes ein *Theater*, an dem der Dichter selbst Regie führte. Der festliche Bau wurde in den sechziger Jahren restauriert und wird heute als Theater genutzt.

Merseburg

Auf einem die Saale überragenden Buntsandsteinfelsen stehen die Wahrzeichen der Stadt: *Schloß* und *Dom*. Schon Heinrich I. hatte hier eine Kaiserpfalz angelegt, Otto I. ein Bistum gegründet (968). Später war Merseburg Sitz weltlicher Verwaltung, im 17. Jahrhundert der Herzöge von Sachsen-Merseburg. Der Grundriß des Doms stammt aus dem 11. Jahrhundert, seine heutige Gestalt erhielt er aber erst im 15. Jahrhundert. Im Innern: interessante Grabplatten, zum Beispiel die Rudolfs von Schwaben, das erste erhaltene Bildnisgrabmal des deutschen Mittelalters. Rudolf von Schwaben war der Gegenkönig Heinrichs IV., fiel 1080 in der Schlacht von Hohenmölsen und wurde mit königlichen Ehren im Merseburger Dom beigesetzt. Streng und starr steht die Gestalt auf der Grabplatte, aber durch die weiche Bearbeitung des Materials und den Bronzeglanz bekommt sie geheimnisvolles Leben. – Bemerkenswert die riesige barocke Orgel und die Ausstellung von Faksimiles der berühmten *„Merseburger Zaubersprüche"* (wertvollstes Zeugnis ältesten deutschen Schrifttums aus dem 10. Jhd.) und anderer Handschriften aus der Dombibliothek in der ehemaligen Sakristei. – Das Schloß, mit Stilelementen aus Spätgotik, Renaissance und Barock, schließt sich unmittelbar an den Dom an. – Interessant in der oberen Stadt noch der *Schloßgarten*, das *Zechsche Palais* von 1728 und das Gebäude des *Naturkundlichen Museums*. – Die im Krieg schwer zerstörte Altstadt wird vom Turm der Ruine von *St. Sixtus* überragt, die 1882 zu einem Wasserturm ausgebaut wurde. – Das *Alte Rathaus* in der Burgstraße wurde 1478 bis 1568 im gotischen und Renaissancestil erbaut.

Lützen

An der Straße von Leipzig nach Weißenfels liegt kurz vor Lützen die *Gustav-Adolf-Gedenkstätte*. Der Schwedenkönig Gustav II. Adolf fiel am 6. November 1632 im Kampf gegen die kaiserlichen Truppen Wallensteins in der Schlacht bei Lützen, mit 9000 Toten die blutigste Schlacht während des Dreißigjährigen Krieges. Am 205. Todestag Gustav II. Adolfs (1837) wurde der Gedenkstein mit der Inschrift „G. A. 1632" eingeweiht; der Stein bezeichnet die Stelle, an der der Schwedenkönig starb. Die Kapelle entstand 1907, das Blockhaus mit dem kleinen Museum 1932. Das Diorama der Schlacht bei Lützen ist im Lützener Schloß (Heimatmuseum) zu besichtigen.

Weißenfels

In der heutigen Industriestadt spürt man im Stadtbild nur noch wenig von der alten Residenzzeit. – Der über der Stadt monumental aufragende Barockbau des Schlosses *Neu-Augustusburg* wirkt von außen kantig, schwer und kahl. Sehenswert im Innern ist die Schloßkapelle, die in drei Geschossen Arkaden und darüber eine Kassettendecke trägt. Novalis (Friedrich von Hardenberg), der bedeutende Dichter der deutschen Romantik, wirkte in Weißenfels; im Gartenpavillon des *Novalis-Hauses* erinnert eine Gedenkstätte daran. – Im ehemaligen *Geleitshaus*, einem Renaissancebau von 1552, ist das Obduktionszimmer des Schwedenkönigs Gustav II. Adolf, der 1632 in der Schlacht bei Lützen gefallen war.

Naumburg

Bis zur Reformation war Naumburg Bischofssitz, der Dom Kern einer bischöflichen Siedlung, die sich zur beträchtlichen Handelsstadt entwickelte. Erst im 17. Jahrhundert wurde Naumburg von Leipzig in der Bedeutung als Handelszentrum überflügelt. – Sehenswert: Der *Peter-Pauls-Dom* ist Wahrzeichen der Stadt und ein Kulturdenkmal hohen Ranges. Es ist eine dreischiffige Anlage mit zwei Osttürmen in den Winkeln zwischen Querhaus und Chor und zwei Westtürmen am Westchor. Um 1275 war das Bauwerk im wesentlichen fertig, es zeigt Einflüsse der späten Romanik und der frühen Gotik. In der Gestaltung der Fenster kommen die verschiedenen Stilepochen besonders gut zum Ausdruck. Die künstlerische Qualität des Domes läßt sich vor allem am bauplastischen Schmuck ablesen, der zum besten gehört, was es in Deutschland gibt, so an den Lettnerreliefs mit der Kreuzigungsgruppe und den zwölf weltlichen Stifterfiguren im Westchor (um 1250). Schon die Aufstellung profaner Werke im allein dem Klerus vorbehaltenen Raum war neu und unerhört. Der anonyme Naumburger Meister ist der erste, der vom allgemeinen Typ weg zur Darstellung der einmaligen Persönlichkeit, ihrem seelischen Ausdruck in Miene und Gebärde vordrang. Auch die Laubkapitelle des Westchors und die Baldachine sind Werke des Naumburgers, der die Naturform in die Kunstform umsetzte. Aber auch die Reliefdarstellungen des Westlettners gehören zum Werk des Naumburger Meisters. Die Passion Christi steht realistisch, in volkstümlich-erzählender Art vor uns, sie berührt vor allem durch die menschlich gedeuteten Einzelszenen. – Schöne alte *Bürgerhäuser* umstehen den Naumburger Marktplatz. Hohe Speicher in den Dachgeschossen erinnern an die mittelalterliche Handelstätigkeit der Stadt. – Das aus drei Einzelgebäuden zusammengefügte *Rathaus* ist von 1517 und wurde 1611 im Renaissancestil erneuert. – Vom Turm der spätgotischen *St.-Wenzels-Kirche* (Pfarrkirche der weltlichen Stadt mit hervorragenden Barockdekorationen und zwei Tafeln von Lucas Cranach d.Ä.) hat man einen ausgedehnten Blick über Naumburg und seine Umgebung. – Von der alten Stadtbefestigung ist heute nur noch das *Marientor* erhalten.

Saaleck und Rudelsburg

Die Ruinen dieser beiden Burgen verleihen dem Saaletal hier einen malerischen, romantischen Zug. Die Anfänge von *Saaleck* reichen ins 9. Jahrhundert zurück, seit dem 16. Jahrhundert ist die Burg verfallen. Die jüngere *Rudelsburg* war Ende des 13. Jahrhunderts Raubritterburg. 1822 dichtete Franz Kugler auf der Rudelsburg das zum Volkslied gewordene „An der Saale hellem Strande stehen Burgen stolz und kühn".

Schulpforta

Das ehemalige Zisterzienserkloster wurde im 12. Jahrhundert mit der Kirche errichtet. Durch eingreifende Umbauten seit etwa 1250 entstand für die Kirche im Wettbewerb mit dem Bau des Doms in Naumburg ein sehr hoher Raum. Besonders reich gegliedert ist die turmlose Front. Von den Klostergebäuden am wertvollsten: die Abtskapelle mit ihren schweren gebündelten Säulen, der Fünfpaßrosette und schönen Kapitellen. 1543 gründete Moritz von Sachsen in einigen der aufgelassenen Klöster humanistische Gymnasien, die Fürsten-

Leipzig und Umgebung

schulen. So entstand Schulpforta als Schule von hohem Rang, die Klopstock, Fichte, Ranke und Nietzsche zu ihren Schülern zählte.

Altenburg

Die Stadt wurde unterhalb der Burg von deutschen Kaufleuten als Handelsniederlassung gegründet. Im 14. Jahrhundert fiel Altenburg an die Wettiner und war von 1826 bis 1918 Residenz des Fürstentums. – Zahlreiche Bürgerhäuser wie das *Kanzleigebäude*, der *Pohlhof*, das *Seckendorffsche Haus* und das *Amtshaus* erinnern an die große Vergangenheit Altenburgs. Sehenswert: die 1172 geweihte *Marienkirche*. Die *Rote Spitzen* genannten Türme sind alles, was sich, außer Resten des in ein Wohnhaus verbauten Langhauses, von der Kirche erhalten hat. Die fünfgeschossigen durch Bogenfries gegliederten Backsteintürme sind ein Wahrzeichen der Stadt. – Das *Rathaus* ist eines der schönsten der deutschen Renaissance. Es wurde 1562/1564 nach den Plänen des kurfürstlichen Landbaumeisters Nickel Gromann erbaut. Den fast quadratischen Bau schließt ein kräftiges Dachgesims ab. Darüber erhebt sich ein mächtiges Pyramidendach, das auf der Schauseite zum Markt ein achteckiger Treppenturm mit welscher Haube weit überragt. Die Strenge des Baus mildern zwei runde Eck-Erker mit reichem Reliefschmuck und die schön profilierten Renaissanceportale. – Die Grundmauern des heutigen *Schlosses* gehen wohl auf eine staufische Kaiserpfalz zurück, neuere Umbauten umschließen ältere Teile. Der barocke Mitteltrakt (seit 1728) der Ehrenhofanlage enthält im Obergeschoß (Schloßmuseum) Decken- und Wandmalereien und reiche Stukkaturen. Festsaalflügel und Prinzenpalais wurden nach einem verheerenden Brand 1868 neu erbaut. Im Schloß befindet sich das weltbekannte Altenburger *Spielkartenmuseum*. – Neben dem Schloßeingang die hochgotische *Schloßkirche* (1413 geweiht; nach 1444 erneuert) mit vorgebautem Altan auf hohen Stützbogen. – Das Staatliche *Lindenau-Museum* besitzt eine einzigartige Sammlung frühitalienischer Tafelbilder (Lorenzetti, Fra Angelico, Botticelli, Signorelli), außerdem griechische und etruskische Vasen.

Rochlitz

Ein architektonisches Meisterwerk ist die zum Rochlitzer *Schloß* gehörende spätgotische *Kapelle* aus der Zeit um 1500. Neben dem Schloß die *Petrikirche* aus der zweiten Hälfte des 15. Jahrhunderts. – Nicht weit davon im Tal der Zwickauer Mulde die schon 1190 urkundlich erwähnte *Rochsburg*. Von allen sächsischen Burgen hat sie – neben der Burg Kriebstein im Zschopautal – ihren romantischen Charakter am besten bewahrt.

Wurzen – Machern

Sehenswert der *Dom* (12. Jhd.), das *Schloß*, das *Kreismuseum* mit seinen Renaissancegiebeln und das Geburtshaus des Dichters und Kabarettisten Joachim Ringelnatz. – Nicht weit von Wurzen befindet sich in *Machern* einer der bedeutendsten romantisch-sentimentalen Parks Sachsens. Er wurde nach dem Vorbild des Wörlitzer Parks Ende des 18. Jahrhunderts angelegt.

Bad Düben

Auf der Burg, die heute Landschaftsmuseum der Dübener Heide ist, fand 1533 ein Prozeß zwischen dem Junker Zaschwitz und dem Pferdehändler Kohlhase statt – Vorbild für Heinrich von Kleists berühmte Novelle „Michael Kohlhaas".

Dessau

Dessau ist eine fürstliche Gründung der Kolonisationszeit des 12. Jahrhunderts (um 1180). 1341 bauten die askanischen Fürsten ein kleines Schloß, trotzdem blieb Dessau im Mittelalter ein unbedeutender Ort. Erst im 16. Jahrhundert beginnt auf Grund der günstigen Verkehrslage der wirtschaftliche Aufstieg der Stadt. Unter Fürst Franz von Anhalt-Dessau erlangte sie am Ende des 18. Jahrhunderts auch kulturelle Bedeutung, als der Fürst durch seinen Baumeister Erdmannsdorff die ersten deutschen klassizistischen Bauten errichten ließ, von denen leider nur wenig erhalten ist, da im März 1945 das Stadtzentrum von Dessau zu 95 Prozent durch Bomben zerstört worden ist. – Unter Leitung des Architekten W. Gropius kam 1925 das Bauhaus von Weimar nach Dessau; die Arbeiten des Bauhauses machten den Namen Dessau weltbekannt. – Sehenswert: auf dem Markt der einzige, völlig wiederhergestellte Erdmannsdorff-Bau vom Ende des 18. Jahrhunderts, die heutige *Stadtbücherei*. – Am 200 Meter davon entfernten *Kristallpalast*, dem Haus Erdmannsdorffs, wurde die Fassade wiederhergestellt. – Die zierliche, ovale *St. Georgen-Kirche* (1712/1717) wurde bis 1966 wiederaufgebaut; in der Nähe der Kirche das *Museum für Natur- und Heimatkunde* mit hohem Turm, einer Kopie nach S. Spirito in Rom. – Der *Friedhof I* (1787/1789) ist der erste planmäßig angelegte deutsche Friedhof, sein Eingangsportal, von Erdmannsdorff geschaffen, hat die Form eines antiken Triumphbogens. – Das *Bauhaus* liegt etwas abseits vom Stadtzentrum, der formschöne, strenge Bau mit den schimmernden Glasflächen wird nach und nach im alten ursprünglichen Zustand wiederhergestellt.* – Durch sieben Säulen – eine Ruine im römischen Stil – betritt man den im 18. Jahrhundert angelegten Georgengarten mit dem von Erdmannsdorff 1781 gebauten *Georgium*. Das Schloß enthält eine bedeutende Gemäldesammlung mit Werken Lucas Cranachs d. Ä. und niederländischer Meister des 17. Jahrhunderts. – Im Osten der Stadt ist ein kleiner Parkbezirk, das *Luisium*. Über einen Teich führt eine weiße chinesische Brücke zum Schlößchen, im Pavillonstil von Erdmannsdorff 1774/1775 erbaut. Sehenswert der pilastergeschmückte Teesaal. – Im Stadtteil *Mosigkau* steht, inmitten eines regelmäßigen Parks, ein ländliches Rokokoschloß, 1752/1757 von Knobelsdorff erbaut. Im lichtdurchfluteten Gartensaal hängen Gemälde niederländischer Maler; in den Gewächshäusern stehen riesige Myrten, Orangen- und Oleanderbäume, die zum Teil noch aus dem 18. Jahrhundert stammen sollen.

Wörlitzer Park

Schon zur Zeit seiner Entstehung, mit der Anlage wurde 1765 begonnen, war der Wörlitzer Park weit berühmt. Er ist der erste Park im englischen Stil auf deutschem Boden, d. h. ein Park, der sich locker und natürlich aus der Landschaft entwickelt, nicht mehr, wie bis dahin üblich, ein streng gradlinig, auf das Schloß bezogener Barockpark. Bauherr war Fürst Franz von Anhalt-Dessau, F. Eyserbeck entwarf den Plan, Neumark und Schoch waren die ausführenden Gärtner. Das Geheimnis der Größe des Parks liegt in seiner Anlage rund um den Wörlitzer See und um zwei weitere kleinere Seen, das Große und das Kleine Walloch, die durch ein sinnreiches Kanalsystem verbunden sind. Zum Schutz gegen Hochwasser grenzt ein mächtiger Wall den Park gegen die weiten Elbwiesen ab, sonst geht der Park ohne feste Begrenzung in der Landschaft auf. Eine Fülle fremdländischer und seltener Gehölze wachsen im Park, zum Beispiel Scharlacheichen, Sumpfzypressen, Urweltmammutbäume und Judasbäume. Aber nicht die reizvolle Landschaft und die botanischen Kost-

---

* Restaurationsarbeiten abgeschlossen.

Leipzig und Umgebung

barkeiten allein gaben dem Wörlitzer Park seine einzigartige Stellung in der Geschichte des Landschaftsparks, sondern dazu kamen die Bauten F. W. von Erdmannsdorffs, der mit dem *Schloß* in Wörlitz sein Hauptwerk schuf. Im Geist der Antike baute Erdmannsdorff den ersten klassizistischen Schloßbau auf deutschem Gebiet. Man betritt das Schloß durch eine säulengeschmückte Vorhalle, die Zimmer sind um einen Lichthof gruppiert. Antike Büsten, wertvolle Gemälde und Möbel schmücken die Räume, alles steht noch so wie von Erdmannsdorff entworfen. – Neben dem Schloß beleben kleinere Bauten Erdmannsdorffs das Parkbild, so der *Englische Sitz* und der *Sommersaal*. – Vom *Neumarkschen Garten* fährt man zur Roseninsel, von dort dann zum *Schochschen Garten* mit *Nymphäum*, *Gotischem Haus* (mit einer kostbaren Sammlung Schweizer Glasscheiben aus dem 15./16. Jahrhundert), *Floratempel*, *Venustempel*, *Monument* und *Pantheon*. Die sonderbarste Anlage des Parks ist der *Stein*. Hier sollten die schönsten Landschaften bei Neapel und Siziliens vereint werden: Aufgehäufte Steinmassen geben den Krater des Vesuvs wieder, am Rande des Massivs steht die zierliche Villa Hamilton, ein langgestreckter, eingeschossiger Pavillon. Zum Stein gehört eine Freilichtbühne, auf der in den Sommermonaten auch heute noch Aufführungen stattfinden.

Wittenberg

Das als „Lutherstadt" berühmte Wittenberg erhielt 1293 Stadtrecht. Die an Schnittpunkten alter Handelsstraßen günstig gelegene Stadt war seit 1422 eine der Residenzen der sächsischen Kurfürsten. Zum entscheidenden Datum in der Geschichte Wittenbergs wurde das Jahr 1502. In dem Jahr gründete der Kurfürst mit Genehmigung von Kaiser und Papst die Universität. Sie war die erste landesfürstliche Universität auf deutschem Boden und bald eine der bedeutendsten und besuchtesten Hochschulen in Europa. Berühmte Gelehrte wurden nach Wittenberg gerufen, darunter auch 1508 der Augustinermönch Martin Luther. Am 31. Oktober 1517 schlug Luther seine 95 Thesen an die Tür der Wittenberger Schloßkirche, und es begann die Diskussion um die Lehren der katholischen Kirche, die mit der Trennung der Protestanten von den Katholiken endete. Neben Luther wirkte Philipp Melanchthon in Wittenberg. Über Wittenberg und die Ideen, die von dort ausgingen, sprach man in ganz Europa. – Sehenswert: Durch die weite Toreinfahrt des *Augusteums* gelangt man in den stillen, malerischen Hof mit dem *Lutherhaus*, dem alten Augustinerkloster, das Wohn- und Arbeitsstätte Luthers war. (Im Lutherhaus befindet sich das Museum der Reformationszeit mit einer wertvollen Sammlung.) – In der Collegienstraße nahe dem Augusteum steht das *Melanchthonhaus*, ein mit Rundgiebeln geschmücktes Bürgerhaus der Renaissance. – Den *Marktplatz* beherrscht das im Renaissancestil erbaute *Rathaus*, gegenüber stehen giebelverzierte Bürgerhäuser, auf dem Platz die Denkmäler Luthers und Melanchthons unter neugotischen zierlichen Baldachinen. – Östlich des Marktplatzes die *Stadtkirche (Marienkirche)*, die vom 13. bis 15. Jahrhundert aus verschiedenen Perioden der Gotik entstand. Im Innern Ausstattungsstücke von großem Wert, darunter der aus der Reformationszeit stammende Hauptaltar von Lucas Cranach d. Ä., der zeitweilig Bürgermeister von Wittenberg war. Die historische Bedeutung des Altars: Er ist nicht mehr vom katholischen Glauben allein geprägt, sondern bereits ein Bekenntnis zum Protestantismus. Er zeigt u. a. den predigenden Luther und Melanchthon, der lächelnd ein Kind tauft. – Das seit dem Siebenjährigen Krieg zerstörte *Schloß* wurde in den folgenden Jahren nur notdürftig wieder hergerichtet. Vom alten Glanz ist nichts mehr zu sehen, eindrucksvoll sind nur noch die gewaltigen Türme. – An die zum Schloß gehörende *Schloßkirche* hatte Luther 1517 seine Thesen angeschlagen. Darum wurde die gleich dem Schloß 1760 zerstörte Kirche im 19. Jahrhundert mit großem Aufwand als reformatorische Gedenkstätte restauriert. Zur Zeit Luthers war die Kirche wesentlich bescheidener ausgestattet. Die Reformatoren an den Wänden sind, wie die bronzene Thesentür, Arbeiten aus dem 19. Jahrhundert. Einige Grabdenkmäler stammen aus älterer Zeit, so die der Fürsten, die die Reformation förderten: Friedrich der Weise und Johannes der Beständige von Sachsen, außerdem die von Luther und Melanchthon.

Torgau

Zwischen 1255 und 1267 erhielt Torgau Stadtrecht, zwischen 1485 und 1547 war die Stadt bevorzugte Residenz der sächsischen Kurfürsten und ein Zentrum reformatorischer Ideen. Mit dem geistigen Aufschwung kam der wirtschaftliche Aufstieg: Um 1550 hatte Torgau 5000 Einwohner und zählte damit zu den „Großstädten" Sachsens. Als man nach dem Schmalkaldischen Krieg (1547) die sächsische Residenz nach Dresden verlegte, wurde es ruhiger in Torgau. Die Stagnation der Entwicklung wurde durch den Dreißigjährigen Krieg und die Festungszeit im 19. Jahrhundert verstärkt. – Sehenswert: *Schloß Hartenfels* entstand anstelle der ehemaligen Burg zwischen 1485 und 1633, es gilt als größter erhaltener Profanbau der deutschen Frührenaissance. Besonders der am Ostflügel errichtete Wendelstein, eine im spätgotischen Maßwerk gleichsam aufgelöste Außentreppe ohne Mittelstütze, stellt eine einmalige technische und baukünstlerische Leistung dar. – Im *Bärengraben* vor dem Schloß leben seit den fünfziger Jahren wieder Braunbären; beachtenswert auch der *Schloßgarten* mit Rosarium. – Neben dem Schloß prägt der spätgotische Hallenbau der *Stadtkirche St. Marien* (1485/1510) die Silhouette Torgaus. An ihrer Westfront sind Reste der romanischen Vorgängerkirche erhalten, im Innern das Grab Katharina von Boras, der Frau Martin Luthers. – Das große *Rathaus* beherrscht eine Front des Marktplatzes, die alte Renaissancefassade wurde 1971/1973 erneuert, der „schöne Erker" blieb in alter Form erhalten. – Am Markt stehen auch einige interessante Bürgerhäuser, beachtenswert das Haus der *Mohrenapotheke* und das *Sträubelsche Haus* – beide wurden 1959/1961 von Grund auf restauriert. – Ein Denkmal erinnert an das historische Zusammentreffen der amerikanischen und russischen Armee an der Elbe bei Torgau am 25. April 1945.

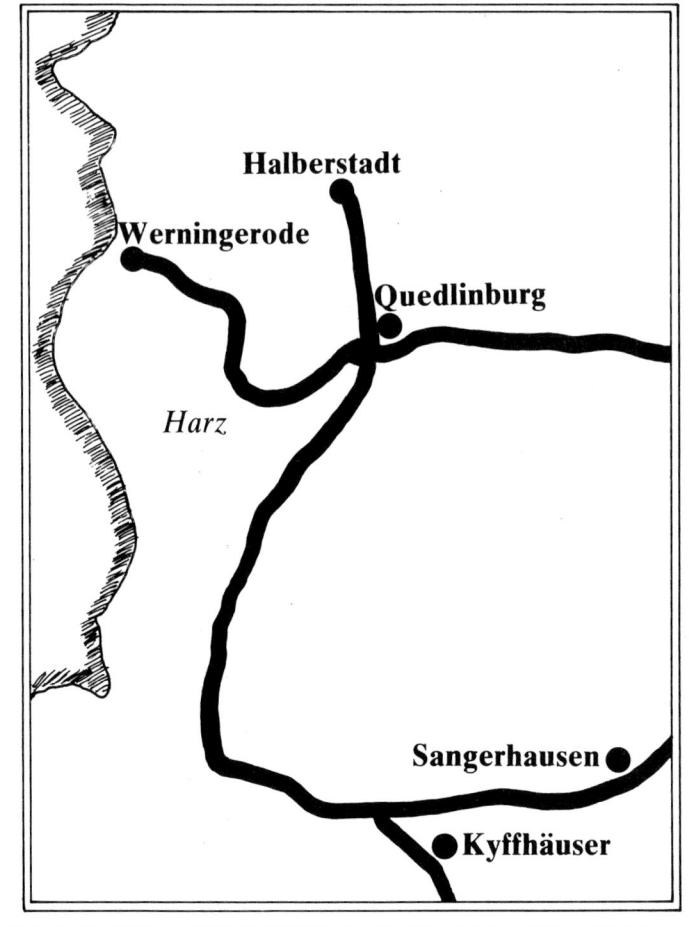

Schloß und Stiftskirche, Quedlinburg

Rathaus, Werningerode

Romanische Stiftskirche, Gernrode

...ffhäuser

...eburtshaus Klopstocks, Quedlinburg

Wegen seiner vielfältigen Landschaft und seines gesunden Klimas ist der Harz beliebtes Erholungs-, Wander- und Wintersportgebiet. Neben den von Dichtern oft besungenen wildromantischen Tälern der Ilse, Bode und Selke bieten Berge und Hochflächen unvergeßliche Rundblicke auf grüne Wiesen, dunkle Wälder und zerklüftete Felsen. Kleine Fachwerkhäuser und enge Gassen machen den Charme so malerischer Harzstädte wie Quedlinburg, Stolberg, Wernigerode oder Halberstadt aus.

Harz

Halberstadt

Die alte Residenzstadt des Bistums Halberstadt wurde im Zweiten Weltkrieg fast völlig zerstört. Das Rathaus, herrliche Fachwerkbauten und Kirchen sind zum Teil neu aufgebaut und sorgfältig restauriert worden. – Sehenswert: Der gotische *Dom*, eine dreischiffige, kreuzförmige Basilika mit romanischem Kreuzgang, ist das Ergebnis jahrhundertelangen Bauens. Die Westfassade mit zwei hohen Türmen ist einer der bemerkenswertesten deutschen Bauten der Gotik. Im oberen Kreuzgang des Doms ist der international bekannte Domschatz untergebracht – eine umfangreiche Sammlung von Teppichen, Kirchengewändern und Kultgegenständen. – Dicht neben dem Dom das Städtische Museum mit dem *Heineanum*, der größten deutschen Vogelbalgsammlung. – Am anderen Ende des Domplatzes die *Liebfrauenkirche*, im romanischen Baustil errichtet, mit hervorragenden Plastiken des 12. Jahrhunderts. Im Kreuzgang eine Ausstellung mit Holzplastiken aus Halberstädter Museen.

Osterwieck

Sehenswert in dieser kleinen Stadt des nördlichen Harzvorlands sind die hervorragenden *Fachwerkbauten* der Renaissance. Ganze Straßenzüge geben ein vielfältiges und unverfälschtes Bild aus der Blütezeit des Fachwerkbaus.

Quedlinburg

Die alte Stadt mit ihrer interessanten Geschichte nimmt einen besonderen Platz unter den Harzstädten ein. – Sehenswert: Der *Burgberg* über der Stadt mit den Stiftsgebäuden, dem ehemaligen Amtssitz der Äbtissin der Reichsabtei Quedlinburg. In den Räumen des Stiftskapitels ist heute das *Schloßmuseum* untergebracht. Die *Stiftskirche* ist eine dreischiffige, kreuzförmige Basilika. Das Mittelschiff wird durch die für den niedersächsischen Baustil charakteristischen „Stützwechsel" von Arkadenpfeilern und Monolithensäulen abgegrenzt. In der Krypta stehen die Särge von Heinrich I. und seiner Gemahlin Mathilde, in der ehemaligen Sakristei sind die wertvollen sakralen Stücke des Domschatzes ausgestellt. – Am Fuße des Burgbergs liegt der *Finkenherd*, von dem die Sage erzählt, daß hier Heinrich I. die Königskrone des ersten deutschen Reichs entgegengenommen hat. – Dicht daneben das prächtige Patrizierhaus, in dem 1724 der Dichter Klopstock geboren wurde. – Im Süden der Stadt als bemerkenswertestes Bauwerk die *Wiperti-Krypta* aus dem 9. Jahrhundert.

Wernigerode

Die „bunte Stadt am Harz" macht äußerlich noch heute den Eindruck einer mittelalterlichen Stadt (Stadtrecht seit 1229), ist aber eine der größten Industriestädte im Bezirk Magdeburg. – Sehenswert: Der mittelalterliche Stadtkern, die Burgstraße, die Westernstraße und die Breite Straße. Neben niedersächsischer Fachwerkständerbauweise findet man geschmückte Bürgerbauten wie das *Krummelsche Haus* (1674) mit überladenem Schnitzwerk, das *Haselhorstsche Haus* mit Schreckmasken und das einst prächtigste Haus, das *Faulbaumsche Haus*. Der konstruktive Aufbau der Obergeschosse ist an der *Niehoffschen Schmiede* am Ende der Breiten Straße bemerkenswert. – Der alte Stadtkern gruppiert sich um die *Sylvestrikirche*. Das *Gadenstedtsche Haus* mit Renaissanceerker, das *Oberpfarramt* mit Barockportal, die *Teichmühle* mit gesenktem Giebel und der streng gegliederte klassizistische Bau des

Harzmuseums bilden eine bunte Palette herrlicher Fachwerkbaukunst aus verschiedenen Stilepochen. – An der Südseite des kleinen Marktplatzes das *Rathaus*, ein Fachwerkbau der Spätgotik (1494/1498), dessen Vorderseite durch zwei spitze Ecktürme aufgegliedert ist. Zwischen den Türmen ein tiefgezogenes Walmdach, von einem barocken Saigertürmchen gekrönt. Reicher Figurenschmuck ziert das Gebäude, das wie aus einem Guß erscheint, jedoch aus zwei selbständigen Bauten entstanden ist. – Auf dem Agnesberg, die Stadt überragend, das *Schloß*, früher Sitz der Grafen von Wernigerode-Stolberg, heute ein bedeutendes Feudalmuseum (37 Räume mit wertvollen Gemälden, Waffen, Möbeln und Porzellan). Von der an dieser Stelle im 12. Jahrhundert errichteten Burg ist wenig geblieben, im 17. Jahrhundert erfolgte der Umbau zum barocken Residenzschloß, 200 Jahre später wurde nochmals umgebaut. Durch Nachahmungen alter Baustile, mit vielen Erkern und Türmchen, ist ein auf Prunkwirkung abgestimmter Bau entstanden, der schon aus großer Entfernung, da er die Stadt überragt, sehr anziehend wirkt.

Stolberg

Die alte Residenz- und Handelsstadt ist der Geburtsort von Thomas Müntzer, dem Führer der thüringischen Bauernkriege. – Sehenswert: herrliche Fachwerkbauten der Renaissance, daneben *Rathaus*, *Kirche* und *Barockschloß* als beachtenswerte Baudenkmale.

Gernrode

Sehenswert: Die *Stiftskirche* aus dem 10. Jahrhundert, die im 19. Jahrhundert restauriert wurde, ein Bauwerk aus der Glanzzeit des sächsischen Königshauses. Die Säulen sind mit interessanten romanischen Kapitellen geschmückt, die hohe Wand über den Säulen ist durch Emporen unterbrochen, die auf starken orientalischen Einfluß hinweisen. Die Westfassade flankieren zwei romanische Rundtürme.

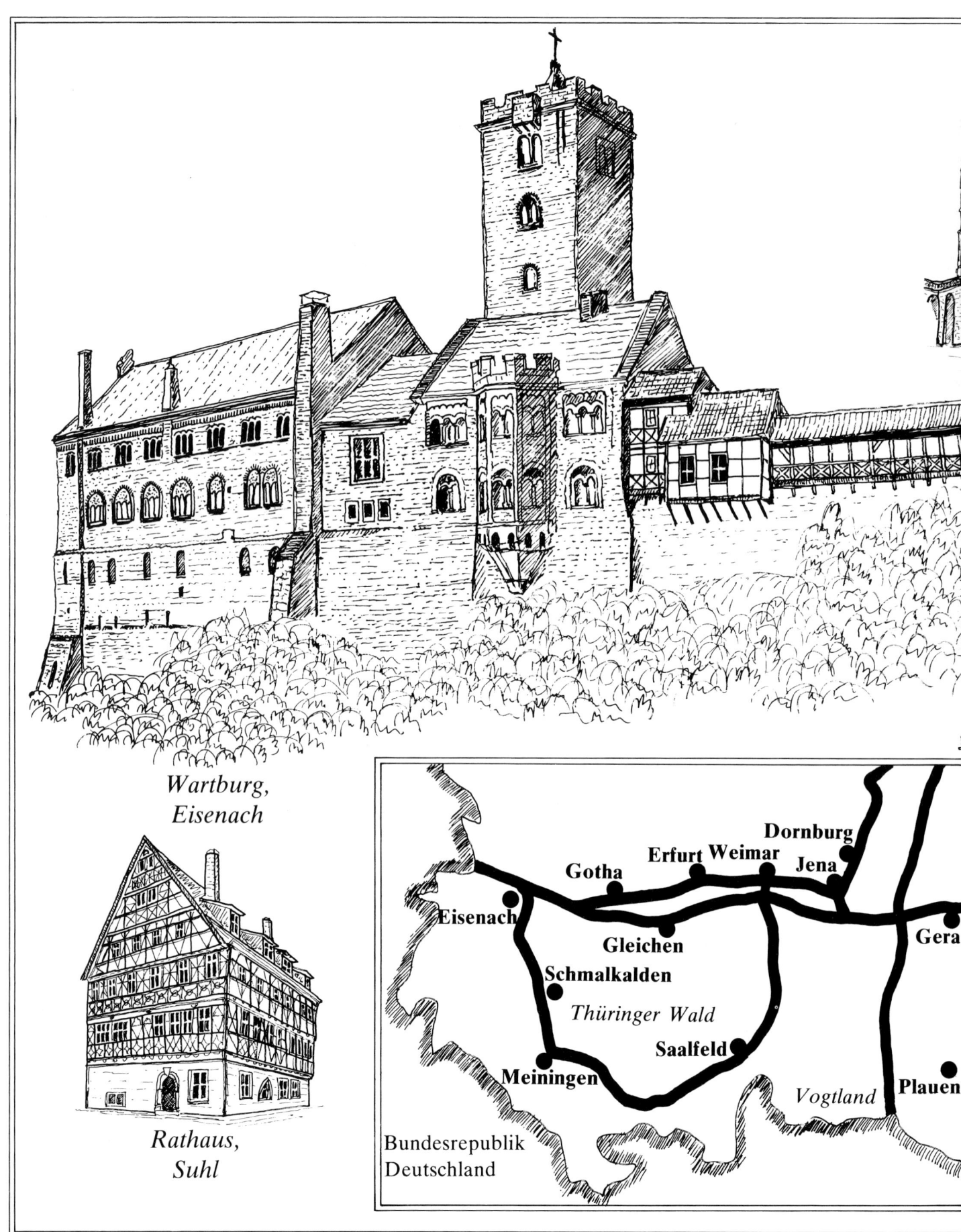

Wartburg, Eisenach

Rathaus, Suhl

Dom und Severikirche, Erfurt

Rokokoschloß, Dornburg

Verträumte Täler zwischen sanften Höhenzügen, ausgedehnte Laub- und Nadelwälder mit zahllosen Wanderwegen – das ist der Thüringer Wald. Vom Großen Inselsberg über den Rennsteig bis zum Schwarzatal reicht das grüne Herz Deutschlands. Traditionsreiche Städte gehören zum Thüringer Land: die alte Handels- und Bischofsmetropole Erfurt, die Luther- und Bach-Stadt Eisenach mit der berühmten Wartburg, die Landgrafenstadt Gotha, Saalfeld und seine zauberhaften Feengrotten, Weimar, die Stadt Goethes und Schillers, das Zentrum der deutschen Klassik.

Thüringen

Weimar

Die fast 1000jährige Stadt liegt im Ilmtal am Fuß des Ettersberges. Kleinod unter den deutschen Städten wurde Weimar durch das einzigartige Vermächtnis seiner großen humanistischen Dichter und Denker. Im ausgehenden 18. und beginnenden 19. Jahrhundert, als Goethe und Schiller, Herder und Wieland in Weimar wirkten und lebten, war die Stadt Zentrum deutschen Geisteslebens. – Die erste Nachricht über Weimar stammt aus dem Jahre 975 (Kaiser Otto II. hielt einen Fürstentag), das erste kulturelle Ereignis war die Anwesenheit Martin Luthers in Weimar 1518 und 1521 und die Einführung der Reformation. 1552 kam Lucas Cranach d. Ä. nach Weimar, verbrachte hier sein letztes Lebensjahr und begann die Arbeit an dem großen Altarbild für die Stadtkirche, das dann sein Sohn vollendete. Von 1708 bis 1717 wirkte Johann Sebastian Bach als Organist und Mitglied der Hofkapelle in Weimar, seine wichtigsten Orgelwerke entstanden hier. 1772 berief Herzogin Anna Amalia, Begründerin des Weimarer Musenhofs, Christoph Martin Wieland als Erzieher ihres Sohnes, des Erbprinzen Carl August, nach Weimar. 1775 kam Goethe, 1776 folgte Herder, 1787 Schiller. Um diese Großen sammelte sich ein Kreis bedeutender Persönlichkeiten. – Mitte des 19. Jahrhunderts wirkte Franz Liszt in Weimar, gründete hier den „Allgemeinen deutschen Musikverein" und machte die Stadt für Jahrzehnte zum musikalischen Mittelpunkt. 1860 entstand eine Kunstschule, an der die bedeutendsten Maler der Zeit (zum Beispiel Lenbach, Böcklin, Liebermann) als Lehrer arbeiteten und die „Weimarer Malerschule" begründeten. – Sehenswert: Das 1948 wiedererrichtete *Nationaltheater*, Nachfolgebauten des 1779 erbauten Komödienhauses, an dem Goethe Intendant war und Schillers Dramen uraufgeführt wurden, und des 1825 geschaffenen Hoftheaters, an dem Franz Liszt und Richard Strauss gearbeitet hatten. Vor dem Theater Weimars Wahrzeichen: das Doppelstandbild Goethes und Schillers. – Das *Wittumspalais* der Herzogin Anna Amalia läßt mit seinem schmucklosen Äußeren kaum ahnen, welche stilvollen und heiteren Innenräume den Besucher erwarten. Eine besondere Sehenswürdigkeit: der kleine Festsaal, in dem Goethe seine berühmte Trauerrede auf Wieland hielt. – Gegenüber dem Gänsemännchenbrunnen steht das *Schillerhaus*, hier entstanden zum Beispiel „Wilhelm Tell" und „Die Braut von Messina". Schillers Wohnräume in der Mansarde sind erhalten und historisch getreu eingerichtet. – Nicht weit davon entfernt, am Frauenplan, das *Goethe-Nationalmuseum*. In dem 1709 erbauten Haus hat Goethe von 1782 bis zu seinem Tod im Jahre 1832 gewohnt und gearbeitet. Dem Wohnhaus, das einen Einblick in die Lebens- und Arbeitsatmosphäre des Dichters gestattet, ist ein literaturhistorisches Museum angegliedert. – Im Bezirk von Markt und Herderplatz hat sich ein Rest Alt-Weimars erhalten, zum Beispiel das schöne *Renaissancehaus*, in dem Lucas Cranach d. Ä. sein letztes Lebensjahr verbrachte; die *Herderkirche*, ein spätgotischer Bau aus dem 15. Jahrhundert, in der Herder predigte; das *Kirms-Krackow-Haus* mit malerischem Innenhof und historischen Wohnräumen oder der *Jacobsfriedhof*, auf dem Lucas Cranach und Goethes Frau Christiane Vulpius ruhen. – Das *Schloß*, an dessen Wiederaufbau nach einem Brand im Jahre 1774 Goethe entscheidend beteiligt war, ist die Stätte, wo Bach musizierte. – Am Eingang zum *Weimarer Park* steht das Haus Charlotte von Steins, Goethes Freundin und Vorbild vieler seiner Frauengestalten. – Der Weimarer Park ist Goethes lebendigste, Jahr für Jahr sich erneuernde Schöpfung. In jahrzehntelangen Mühen entstand unter seiner Leitung dieser Landschaftsgarten, in dem Natur und Kunst zu einem einzigartigen Denkmal der Klassik verschmolzen sind. – Das *Gartenhäuschen* an der

Ilm war Goethes stille „Stätte der Zuflucht", wo seine herrlichen Naturgedichte entstanden. – In einem bescheidenen Haus, wo der Park in die Belvederer Allee einmündet, wohnte Franz Liszt von 1869 bis 1886. Die Wohnräume und ein kleines Museum vermitteln etwas von der Atmosphäre des nachklassischen Weimar. – Eine besondere Gedenkstätte ist der historische *Friedhof:* Steine und Grabstätten künden von großer Zeit und großen Menschen. Hier ist die Gruft Goethes und Schillers, eine kuppelgekrönte Kapelle im klassizistischen Stil. – Nur wenige Kilometer von Weimar entfernt liegen die Schlösser *Tiefurt* und *Belvedere.* Tiefurt war der ländliche Sommersitz der Herzogin Anna Amalia, hier traf man sich zu Gedankenaustausch und geselligem Zusammensein. Nirgends wird dem Besucher so deutlich wie hier der Geist der Klassik und ihr Gleichklang mit der Natur vor Augen geführt. – Das Jagd- und Lustschloß Belvedere, voller Rokokozierlichkeit mit Orangerie und Naturtheater, hat einen englischen Park, der in den umgebenden Wald übergeht.

Eisenach

Um 1180 von Thüringer Landgrafen gegründet und gefördert, rückte die Stadt nach Herrschaftsantritt der Wettiner an den Rand des Geschehens in Sachsen-Thüringen. 1497 bis 1501 war Luther Lateinschüler in Eisenach, 1521 sah er – von der Wartburg aus – die Stadt wieder. – Sehenswert: An der Ostseite des Markts das *Rathaus* von 1508, nach einem Brand 1638 erneuert und nach dem Zweiten Weltkrieg restauriert; an der Nordseite des Markts das *Stadtschloß* mit einem schönen Rokokosaal. – Gegenüber dem Stadtschloß steht seit 1180 die *Marktkirche St. Georg* mit 60 Meter hohem Glockenturm und den Grabsteinen der Thüringer Landgrafen aus dem 12. und 13. Jahrhundert. – Neben dem *Geburtshaus Johann Sebastian Bachs* am Frauenplan steht sein Wohnhaus, mit Hausrat aus dem 17. Jahrhundert, vielen Erinnerungsstücken und einer umfassenden Instrumentensammlung eingerichtet. – Das *Lutherhaus,* neben dem Schloßkeller in der Nähe des Markts, erinnert an den großen Reformator. – 400 Meter hoch über Eisenach liegt die *Wartburg* auf dem das Eisenacher Land beherrschenden Wartberg. Wichtige Ereignisse der deutschen Geschichte sind mit der Wartburg verknüpft und geben ihr den besonderen Platz unter den deutschen Burgen. 1080 ist die Burg erstmals urkundlich erwähnt, der jetzige Palas entstand um die Wende zum 13. Jahrhundert. Unter Hermann I. (1190–1216) waren die bedeutendsten Minnesänger des Hochmittelalters auf der Wartburg zu Gast: Walther von der Vogelweide, Wolfram von Eschenbach, Heinrich von Ofterdingen und viele andere. Der Sängersaal erinnert an ihr Wirken. (Wartburg und Sängersaal sind Schauplatz von Richard Wagners „Tannhäuser".) Von Mai 1521 bis März 1522 arbeitete Martin Luther auf der Wartburg an der Übersetzung des Neuen Testaments ins Neuhochdeutsche. Goethe weilte mehrmals auf der Wartburg; das Wartburgfest der deutschen Burschenschaften (1817) rückte die Burg in den Blickpunkt ganz Deutschlands. Sängersaal, Landgrafenzimmer und Elisabethgalerie (mit den bedeutenden Fresken Moritz von Schwinds) wurden 1838/1891 restauriert, als man begann, die seit dem 16. Jahrhundert verfallene Burg wiederherzurichten.

Gotha

Die alte Landgrafenstadt (seit 1180) zählte zu den bedeutendsten Städten der Wettiner. 1640/41 wurde Gotha Residenz des durch Teilung entstandenen Herzogtums Sachsen-Gotha, und der junge Herzog Ernst I. baute in der schweren Zeit nach

Thüringen

dem Dreißigjährigen Krieg ein für seine Zeit vorbildliches Verwaltungs- und Schulwesen auf. Im 18. Jahrhundert pflegte der Gothaer Hof enge Beziehungen zur französischen Aufklärung (Korrespondenz mit Diderot; 1753 Voltaire zu Besuch, dessen Werke der Gothaer Verleger Ettinger druckte). D. Ekhof gründete auf Schloß Friedenstein das erste deutsche Theater mit festangestellten Künstlern. – Sehenswert: Vom Schloßberg hat man einen guten Blick über die Stadt mit altem *Markt* und *Rathaus* (1577 erbaut; Renaissanceportal). – Weithin sichtbares Wahrzeichen der Stadt ist das dreiflügelige *Schloß Friedenstein*, 1643/1654 als Sitz der Landesbehörden und Residenz erbaut. Heute sind *Schloßmuseum* (Malerei, Grafikkabinett, Antikensammlung, Münzkabinett mit rund 100.000 Münzen und Medaillen), *Forschungsbibliothek* (500.000 Bände, darunter 5500 Handschriften und 3300 orientalische Handschriften), *Historisches Staatsarchiv* (7500 Urkunden zur Geschichte des Gothaer Landes), *Heimatmuseum* und *Ekhof-Theater* im Schloß untergebracht.

Erfurt

Das mehr als 1200 Jahre alte Erfurt ist als Blumen-, Dom- und Lutherstadt bekannt. Bereits im frühen Mittelalter zu einem bedeutenden Handelsplatz entwickelt, ermöglichte der Reichtum der Patrizier 1392 der Stadt die Gründung einer Universität, die Ende des 15. Jahrhunderts zu einer Hochburg des Humanismus wurde. Sehenswert: Wahrzeichen der Stadt ist das Ensemble von *Dom* und *St.-Severi-Kirche* (12./14. Jhd.), das – auf einem Hügel im Zentrum der Stadt gelegen – die Häuser der Stadt weit überragt. Die mächtigen Steinbögen, die den 26 Meter hohen Domchor tragen helfen, der spätgotische Triangel, ein Vorbau des Doms mit zwei spitzwinklig zulaufenden Portalen und den beiden prächtigen Plastikgruppen der klugen und törichten Jungfrauen und der zwölf Apostel sowie die zum Plateau hinaufführende Freitreppe mit 70 Stufen sind die kostbarsten architektonischen Details des weltberühmten sakralen Denkmals. Im Innern beider Kirchen wertvolle Kunstwerke: der hochromanische bronzene Kerzenträger Wolfram, der Einhornaltar, der Severisarkophag und das Alabasterrelief des heiligen Michael. – Die romanische *Peterskirche*, die *Predigerkirche*, die *Augustinerkirche* mit Kloster, die *Ägidien-*, *Michaelis-* und *Allerheiligenkirche* sind die schönsten Kirchen des „türmereichen Erfurt". – Im Zentrum der Stadt ist die fast 650 Jahre alte *Krämerbrücke* (1325) ein in seiner Art in Europa einmaliges Bauwerk. Über die beiderseits von Fachwerkhäusern bestandene Brückenstraße nahmen jahrhundertelang die Kaufmannszüge zwischen Westeuropa und den slawischen Ländern des Ostens ihren Weg. – Von der Kunstfertigkeit mittelalterlichen Handwerks zeugen die gepflegten Patrizierhäuser in der Altstadt. Beispiele: „*Zum güldenen Hecht*" (1557), „*Zum breiten Herd*" (1584), „*Zur hohen Lilie*" (1538). Mit der „*Bursa pauperum*" ist eine der mittelalterlichen Studentenbursen (Miet- und Kosthäuser) erhalten. – Eine Chronik verschiedener Baustile kann man in der Michaelisstraße besichtigen: Renaissance, Früh-, Hoch- und Spätgotik sind vereint in den Häusern „*Schwarzes Horn*", „*Greifenstein*" und „*Güldener Krönbacken*". Im Renaissancehaus „*Zum Stockfisch*" (1607) ist das Museum für Stadtgeschichte, es gibt einen guten Überblick über die historische Entwicklung.

Drei Gleichen

Die Burgengruppe der Drei Gleichen liegt beiderseits der Autobahn nordwestlich von Arnstadt: auf dem 421 Meter hohen Keuperkegel die *Wachsenburg*, von der man einen weiten Rundblick über das Thüringer Land hat; auf steilem Hang erhebt sich die *Mühlburg*, die älteste Burg Thüringens. Sie ist im 17. Jahrhundert verfallen, nur der Bergfried ist noch erhalten. Ihr gegenüber liegt die Ruine *Schloß Gleichen* auf einem 370 Meter hohen Bergkegel. Sie wurde 1034 erstmals erwähnt, im 16. Jahrhundert umgebaut, verfiel nach 1633 und ist seit Anfang des 19. Jahrhunderts unbewohnt. Von einem der einstigen Burgherren erzählt eine der bekanntesten Sagen Thüringens:

Ludwig, Graf von Gleichen, nahm teil an dem Kreuzzuge, dem sich Ludwig der Heilige, Landgraf von Thüringen, unter dem Banner Kaiser Friedrichs II. angeschlossen hatte. Graf Ludwig war am Thüringer Landgrafenhofe ritterlich erzogen worden und mit einer Gräfin von Orlamünde vermählt, die ihm zwei Kinder geboren. Graf Ludwig folgte dem Kaiser nach Accon und blieb zum Schutze der Stadt Ptolemais zurück, nachdem der Kaiser sich bereits zur Rückkehr eingeschifft hatte. Bei einem Ausfall oder Streifzuge gegen die Ptolemais umlagernden Sarazenen geriet der deutsche Graf in die Gefangenschaft der Araber, wurde an den Sultan Ägyptens verkauft und nach Alkair gebracht. Dort mußte der Graf harte Sklavenarbeit verrichten und schmachtete neun Jahre in der Gefangenschaft, bis die Tochter des Sultans, welcher Melech-Sala hieß, das ist König des Heiles oder Friedens, lebhaft von ihm eingenommen wurde, beim Ergehen im Garten ihm aufmunternd begegnete und ihm endlich aus großer Liebe antrug, mit ihm zu entfliehen, wenn er sie zum Weibe nehmen wolle. Graf Ludwig von Gleichen war aufrichtig genug, der schönen Sarazenin seinen Stand und seine Herkunft zu entdecken und ihr zu sagen, daß er bereits in seiner fernen Heimat eine Frau und zwei Kinder habe. Daran fand nun die sarazenische Jungfrau gar keinen Anstoß, da der mohammedanische Glaube jedem Manne gestattet, so viele Frauen zu nehmen, als er ernähren kann. Und die Liebe der Jungfrau, die Hoffnung auf Befreiung und vielleicht die eigene Neigung bezwangen den Grafen, und er gab endlich der Sultanstochter das Versprechen, sich mit ihr ehelich zu verbinden, wenn sie ihm Freiheit verschaffen und ihm folgen wolle. Die Liebe der Jungfrau wußte alle Schwierigkeiten, die dem Fluchtplan sich entgegenstellten, zu überwinden, und mit ihren besten Schätzen versehen, entflohen sie auf einem Schiffe und kamen nach sechswöchiger Fahrt in Venedig an.

In Venedig fand der Graf seinen liebsten und vertrautesten Diener, der ihn in allen Weltteilen gesucht hatte, und erfuhr von ihm, daß daheim alles gut stehe und seine Gemahlin nebst seinem Kinderpaar noch lebe. Auf diese Nachricht reiste Graf Ludwig ohne Verzug nach Rom, allwo Gregor IX., den man den Großen nannte, auf dem päpstlichen Stuhle saß, und teilte dem Papst sein ganzes Schicksal und alle seine Erlebnisse mit. Der Papst begnadigte den Grafen mit stattlichen Gaben, heiligte die sarazenische Jungfrau durch das Sakrament der Taufe und gab dem Grafen kräftige Empfehlungsbriefe an den Kaiser, worauf der Graf mit den Seinen von Rom aus durch Italien zurück und über die Alpen durch Bayern und Franken den nächsten Weg nach Thüringen einschlug. Als er nur noch zwei Tagereisen vom Schloß Gleichen entfernt war, reiste er der Sarazenin voraus, kam zu Weib und Kindern und wurde auf das freudigste von seiner Gemahlin wiedererkannt und willkommen geheißen. Der Graf teilte nun seiner Hausfrau alles mit, was und wie es sich begeben, und daß er ohne die Hilfe der Sarazenenjungfrau aus königlichem Stande nimmermehr die Seinen und sein Land würde wiedergesehen haben, und bewegte sein Weib zu Dank und Liebe gegen die Fremde. Wie diese sich nun Burg Gleichen näherte, zog der Graf mit seiner Gemahlin und seinen zahlreichen Freunden, die von allen

Thüringen

Seiten herbeigeströmt waren, ihn glückwünschend wieder zu begrüßen, ihr mit großem Festgepräge entgegen, holte sie feierlich ein und führte sie wie im Triumph in die Burg. Die Stätte der ersten Begegnung am Bergesfuße, an welchem beide Frauen einander schwesterlich umarmten und küßten, wurde alsbald „Freudental" genannt, und der längst verwahrloste, jetzt schnell hergestellte Weg zur Burg hinan hieß fortan „Der Türkenweg".

Jederzeit hat die Gräfin von Gleichen die Sarazenin als ihres geliebten Herrn Erretterin geehrt und geliebt, und diese hat die Liebe durch Demut und Freundlichkeit vergolten. Die Sarazenin war mit hoher Schönheit geschmückt, ein Muster aller Frömmigkeit, aller Würde, aller Demut, aller Holdseligkeit und Freundlichkeit. In hohen Jahren starb sie und wurde im St.-Petri-Stift zu Erfurt feierlich beigesetzt. Zwei Monate nach ihr schied die deutsche Gräfin aus dem irdischen Leben und wurde ihrer vorangegangenen schwesterlichen Freundin zugesellt. Der Graf selbst verschied im sechzigsten Lebensjahre, und seine Kinder, zwei Söhne und drei Töchter, ließen ihn zwischen die beiden Frauen bestatten, auch für alle drei einen herrlichen Grabstein künstlich herrichten, darauf ihre Bildnisse zu sehen sind.

Schmalkalden

Seit 1272 war Schmalkalden Stadt der Grafen von Henneberg. Eine Urkunde von 1408 bezeugt die hochentwickelte Spezialisierung der Kleineisenherstellung in diesem Ort: Unter den 16 Handwerksmeistern gab es Stahl- und Schwertschmiede, Klingen-, Messer- und Sichelschmiede. – Das *Rathaus* und die *Stadtkirche St. Georg*, eine spätgotische Hallenkirche, entstanden im 15. Jahrhundert. In Schmalkalden schlossen 1531 protestantische Fürsten und Städte den „Schmalkaldischen Bund" gegen den Habsburger Kaiser Karl V. zum Schutz ihres protestantischen Glaubensbekenntnisses. Sie hielten hier bis 1543 zehn Konvente ab. An dem Schmalkaldener Fürstentag von 1537 nahm auch Martin Luther teil; auf diesem Fürstentag wurden die „Schmalkaldischen Artikel" beschlossen. Zahlreiche schöne alte Fachwerkhäuser, darunter das *Lutherhaus* am Schloßberg und die *Rosenapotheke*, erinnern an die glanzvolle Zeit dieser Stadt, die 1583 – nach dem Aussterben der Henneberger Grafen – ganz an Hessen fiel. 1585/1589 entstand als Lust- und Jagdschloß das prunkvolle Renaissanceschloß *Wilhelmsburg*, ein Vierflügelbau mit Treppen in den Ecken. Heute ist darin das Heimatmuseum untergebracht; der restaurierte Riesensaal, die Schloßkapelle und andere historische Räume gehören zu den sehenswertesten in Thüringen.

Schleusingen

Im 1232 zum erstenmal als Stadt erwähnten Schleusingen befindet sich in der *Stadtkirche St. Johannis* die Familiengruft der Henneberger mit künstlerisch wertvollen Grabsteinen aus den Jahren 1444 bis 1583. In der *Bertholdsburg*, ursprünglich eine frühmittelalterliche Anlage und im 16./17. Jahrhundert im Renaissancestil umgebaut, ist eine umfangreiche Spielzeugausstellung: Die Palette reicht von der 4000 Jahre alten Kinderrassel über Puppen vieler Epochen bis zum Mondauto.

Stützerbach – Manebach – Ilmenau

Mit den Namen dieser drei Orte verbinden sich zahlreiche Erinnerungen an die Aufenthalte Goethes im Thüringer Wald. Auf Goethes Spuren führt ein Wanderweg von einem dieser Orte zum nächsten. In Stützerbach weilte der Dichter im *Gundlachschen Haus,* das jetzt als Goethe-Museum eingerichtet ist. In der *Jagdhütte auf dem Kickelhahn* bei Manebach entstand 1780 Goethes berühmtes Gedicht „Wanderers Nachtlied" („Über allen Gipfeln ist Ruh' "). Unterhalb des Kickelhahns steht das als Goethe-Gedenkstätte gestaltete Jagdhaus *Gabelbach.* Am Markt in Ilmenau schließlich erinnert ein Goethe-Zimmer im Heimatmuseum an die vielen Besuche des Dichters in der Stadt (zum Beispiel eröffnete Goethe 1784 in der Nähe Ilmenaus ein Silberbergwerk).

Arnstadt

704 bereits urkundlich erwähnt, ist Arnstadt einer der ältesten Orte Thüringens (Stadtrecht seit 1266). Bekannteste Sehenswürdigkeit ist die berühmte Puppensammlung „*Mon plaisir*" im Schloßmuseum: In 84 kleinen Puppenstuben spiegelt diese Sammlung das Leben aller Gesellschaftsschichten in der ersten Hälfte des 18. Jahrhunderts wider. Außerdem im Museum: Porzellan aus Ostasien, Meißen und Thüringen, Brüsseler Teppiche („Gobelin mit den lachenden Affen"). — Bemerkenswert die doppeltürmige *Liebfrauenkirche* mit der „Schönen Madonna" (um 1400); die *Bachkirche,* an der Bach als Organist wirkte; das Renaissance-*Rathaus* (1583/1585); der Stadtpark mit teilweise erhaltener Stadtmauer; das *Riedtor* und das *Neue Tor;* der barocke Turm (65 Meter) des einstigen Schlosses Neideck.

Hildburghausen

Sehenswert neben den Resten der alten Stadtmauer das 1395 erbaute und 1595 umgebaute schöne Renaissance-*Rathaus* am alten Marktplatz. In Hildburghausen erhielt der Komponist Carl Maria von Weber als Zehnjähriger seinen ersten Klavierunterricht.

Schwarzburg

Im Schloß Schwarzburg – 1070 erstmals urkundlich erwähnt – 90 Meter über dem Tal der Schwarza gelegen – ist der 1970/1971 restaurierte „*Kaisersaal*" eine historische Sehenswürdigkeit.

Bad Blankenburg

In der im wildromantischen Schwarzatal gelegenen Stadt gründete F. Fröbel 1840 bei der Esplanade den ersten Kindergarten der Welt im „*Haus über dem Keller*". Seine in Stein gehauenen Spielzeuge für das Kleinkind – Würfel, Zylinder und Kugel – begegnen dem Besucher an verschiedenen Stellen der Stadt. Im einstigen Wohnhaus des berühmten Pädagogen ist das *Fröbelmuseum* (mit Wohn- und Arbeitszimmer, Bibliothek, Handschriften) eingerichtet. – 170 Meter über der Stadt liegt die Burgruine *Greifenstein.* Von der ehemaligen Residenz der Schwarzburger Grafen hat man einen interessanten Blick ins untere Schwarzatal.

Saalfeld

Sehenswert: die *Feengrotten* bei Saalfeld, ein besonders interessantes Zeugnis des alten Bergbaus in diesem Gebiet. Diese Grotten sind die Grubenbaue eines ehemaligen Bergwerks, in dem Graptolithenschiefer abgebaut wurde. Daraus gewann man Alaun zum Gerben und Eisenvitriol für medizinische und andere Zwecke. Die unterste der drei Sohlen des ehemaligen Bergwerks „Jere-

Saaletal/Vogtland

miasglück" wurde vor etwa 300 Jahren aufgegeben. In den verlassenen Stollen und Strecken haben sich seitdem verschiedene Minerale neu gebildet, neben Kalksinter vor allem der seltene Diadochit (Phosphor-Eisensinter). Sie sind vielfach als Tropfsteine und Sinterkaskaden ausgebildet und bieten einen so farbenprächtigen Anblick, daß der Besuch der Grotten unbedingt lohnt. – Wahrzeichen der Stadt Saalfeld ist der *Hohe Schwarm*, die zwei schlanken hohen Türme und die noch vorhandenen Mauern sind Reste eines Kastells, dessen Anlage bis ins 11. Jahrhundert zurückgehen dürfte. – Von der alten Stadtbefestigung sind vier schöne Türme und Teile der Mauer erhalten geblieben. – Von den Kirchenbauten sind die romanische *Nikolaikirche* (heute Wohnhaus), die frühgotische *Barfüßerkirche* und die spätgotische *St.-Johannis-Kirche* erwähnenswert. – In der Altstadt sind einige Renaissancebürgerhäuser erhalten.

Burgk

Sehenswert: in der Kapelle des herrlich über der Saale gelegenen Schlosses eine besondere Kostbarkeit: die Orgel des berühmten sächsischen Orgelbauers Gottfried Silbermann.

Rudolstadt

Sehenswert: das bauliche Wahrzeichen der Stadt, das Schloß *Heidecksburg*. Die Grafen von Schwarzburg-Rudolstadt bemühten sich, nach ihrer Erhebung in den Reichsfürstenstand 1710, das Schloß repräsentativ auszubauen. 1735 wurde mit dem Bau des heutigen Schlosses begonnen, Reste der alten Anlage wurden in den Renaissancestil einbezogen. Mit einer schlichten, aber repräsentativen Fassade erhebt sich die Heidecksburg hoch über der Stadt. Im Schloß ist heute ein Museum: Gemälde, Graphiken, Möbel und Porzellan seit dem 16. Jahrhundert werden gezeigt.

Jena

Entscheidend für die Entwicklung der Stadt war die Gründung der Universität im Jahre 1558. Die neue Universität war zwar klein, machte aber durch besondere wissenschaftliche Leistungen immer wieder auf sich aufmerksam. Zwischen 1785 und 1819 lehrten Schiller, Fichte, Schelling, Schlegel und Hegel in Jena; 1841 promovierte hier Karl Marx. – 1846 begann in einem „mechanischen Atelier", in dem Reparaturen gemacht und einfache Mikroskope gebaut wurden, die Geschichte eines Unternehmens, das Weltruf erlangte: der Zeisswerke. Carl Zeiss und Ernst Abbé arbeiteten und experimentierten so erfolgreich, daß ihre optischen Instrumente wegen ihrer Präzision zu den gefragtesten in der Welt wurden. Der Wunsch der Zeisswerke nach immer besserem und leistungsfähigerem Glas führte zur Gründung der zweiten Weltfirma in Jena: des Glaswerkes Schott & Genossen („Jenaer Glas"). – Sehenswert: Die *Stadtkirche*, ein spätgotischer Hallenbau aus dem 13. Jahrhundert, wurde trotz ihrer schweren Beschädigungen wiederhergestellt. – Das spätmittelalterliche *Rathaus* wirkt bescheiden; von der Stadtbefestigung sind *Johannisturm* und *Pulverturm* erhalten geblieben. – An das Wirken Schillers erinnert sein *Gartenhaus* südwestlich der Altstadt und im Ostteil der Stadt die kleine Kirche, in der er 1790 Charlotte von Lengefeld geheiratet hat. – Zehn Kilometer von Jena saaleabwärts liegen auf einem fast senkrecht aufragenden Felsen aus Muschelkalk drei Schlösser unmittelbar nebeneinander: die *Dornburger Schlösser*. Das nördlichste steht auf Grundmauern aus dem 10. Jahrhundert und hat sein spätgotisches Aussehen aus dem 15. Jahrhundert. Das mittlere ist ein kleines Rokoko-Schlößchen, das Ernst August, der Vater Carl Augusts von Weimar, Anfang des 18. Jahrhunderts errichten ließ. Trotz seiner bescheidenen Ausmaße ist dieses Schlößchen eine sehr beachtliche Leistung des Landbaumeisters Krohne, der auch für die Innenausstattung der Heidecksburg verantwortlich war. Im südlichen der drei Schlösser, einem Renaissancebau aus der Mitte des 16. Jahrhunderts, wohnte Goethe einige Male, zuletzt 1828, als sich der greise Dichter nach dem Tod Herzog Carl Augusts aus Weimar nach Dornburg zurückzog. Rokoko-Schloß und Goethe-Schloß sind in großzügiger Weise restauriert worden.

Gera

995 wird Gera erstmals urkundlich erwähnt, 1237 schon als Stadt bezeichnet. In die Tuchmacher- und Gerberstadt kamen 1569 vertriebene protestantische Niederländer; sie brachten die Wollweberei mit, die der Stadt einen guten Ruf verschaffte. – Sehenswert: Der Marktplatz mit dem Renaissance-*Rathaus* (1573/1576; phantastisch geschmücktes Portal), dem *Simson-Brunnen* (1686) und der *Ratsapotheke* mit Renaissance-Erker von 1606 ist besonders eindrucksvoll. Interessant sind die *Orangerie* (1729/1732), die *Trinitatiskirche* (1611) mit einer Außenkanzel, die *Marienkirche*, die *Salvatorkirche* und das *Schreibersche Haus* (1687/1688). Markante Bauten des 18. Jahrhunderts stehen noch in der Greizer Straße und in der Kirchstraße.

Greiz

Natürlicher Mittelpunkt der ehemals kleinen Residenz- und Handweberstadt ist der steil aufragende Felskegel mit dem *Oberen Schloß*, dessen sechseckiger Turm wohl das älteste Bauwerk der Stadt ist. Um den Schloßberg herum zieht sich die Altstadt mit ihren winkligen und engen Gassen. In der von der Elster durchflossenen Talaue zu Füßen des Berges erstreckt sich eine der schönsten deutschen *Parkanlagen*, ein aus einem barocken Lustgarten entwickelter Landschaftsgarten im englischen Stil. Im Park das 1779 erbaute *Sommerpalais*, das eine der bedeutendsten Kupferstichsammlungen mit rund 8000 kostbaren, vorwiegend englischen Schabkunstblättern, beherbergt. Im *Unteren Schloß*, der ehemals preußischen Residenz, befindet sich ein sehenswertes Museum.

Zwickau

Die Stadt entstand um 1145 als königlicher Markt und Fernhändlerniederlassung bei einer Muldenfurt. Infolge ihrer günstigen Verkehrslage spielte die Stadt im 15./16. Jahrhundert eine wichtige Rolle; Tuche aus Zwickau wurden in ganz Deutschland, in Böhmen und in Polen gehandelt. Zwickauer Kaufleute versorgten nicht nur die westerzgebirgischen Bergstädte mit Lebensmitteln und Gebrauchsgütern, als Besitzer von Bergwerksanteilen nahmen sie auch beträchtlichen Einfluß auf den Schneeberger Silberbergbau, durch den die Stadt hundert Jahre lang zu großem Reichtum kam. Sehenswert: Die *Altstadt* ist durch den „Ring", der die einstigen Befestigungsanlagen nachzeichnet, klar abgegrenzt. – Das *Rathaus* aus dem Jahre 1404 wurde im 19. Jahrhundert umgebaut. Erhalten blieb nur ein eindrucksvoller spätgotischer Raum: im 16. Jahrhundert Ratstrinkstube und davor eine Jakobskapelle mit reich profiliertem bemaltem Portal. – Links vom Rathaus das *Gewandhaus* (1522/1525), ein spätgotischer Bau mit Stilelementen der Renaissance. Er wird seit 1823 als Theater genutzt. – Ihm gegen-

Vogtland

über liegen *Adlerapotheke* und *Kräutergewölbe*. Bemerkenswerte Bürgerhäuser sind das *Vollstädtische Haus,* das ehemals *Mühlpfortsche Haus* mit kunstvoll geripptem Gewölbe und das *Dünnebierhaus* mit seinem stattlichen Treppengiebel. – Das Geburtshaus des Komponisten Robert Schumann wurde zu einem Museum ausgebaut *(Robert-Schumann-Haus).* – Die *Katharinenkirche* wurde 1212/1219 als Klosterkirche der Benediktinerinnen errichtet; sie hat einen Kunigundenaltar von Lucas Cranach d. Ä. – Die *Marienkirche* erhielt 1506 ihre jetzige Gestalt. Sie war Modell für alle späteren erzgebirgischen Hallenkirchen. Bekannte Meister arbeiteten an ihrer Ausschmückung: Der Nürnberger Michael Wolgemut schuf 1479 das große Altarwerk, Heuffner (1507) das Heilige Grab, der Zwickauer Bildschnitzer Peter Breuer die Beweinung Christi (1502) und Paul Speck die Kanzel (1538).

Plauen

Urkundlich wurde Plauen erstmals 1122 genannt. Im 15. Jahrhundert war die Tuchmacherei, ab 1600 die Herstellung von Baumwollwaren das beherrschende Gewerbe der Stadt. Um die Mitte des vorigen Jahrhunderts löste die Maschinenstickerei die Weberei ab: Plauen wurde „Spitzenstadt". – Sehenswert: Das *Alte Rathaus* mit dem spätgotischen Unterbau (1508) und dem prächtigen Renaissancegiebel von 1548, dessen Hauptschmuck die Kunstuhr mit ihren beweglichen Figuren ist. – In der *Lutherkirche* steht ein kostbarer Flügelaltar aus den Jahren 1490/1495, und die *St.-Johannis-Kirche* enthält eine wertvolle mittelalterliche Seitenkapelle aus dem Jahre 1322. – Die ältesten Gebäude der Stadt sind das *Ebersteinsche Schloß* (um 1100) und wenige Überreste der alten *Stadtbefestigung* aus dem 13. Jahrhundert. – Drei repräsentative Patrizierbauten aus dem 18. Jahrhundert stehen in der Nobelstraße 11/13; in diesen ist das *Vogtländische Kreismuseum* untergebracht.

Markneukirchen

Markneukirchen und Klingenthal sind die beiden wichtigsten Orte im „Sächsischen Musikwinkel". So heißt der südöstlichste Teil des Vogtlandes, in dem der größte Teil der Einwohner von der Musikinstrumentenfertigung lebt. – Im *Paulusschlößl* von Markneukirchen, einem schönen Barockbau, ist eine der größten Musikinstrumentensammlungen Europas untergebracht (rund 2000 Musikinstrumente vieler Völker und Zeiten).

Schneeberg

Neben dem Bergbau und der Spitzenklöppelei ist im um 1470 gegründeten Schneeberg seit alters die Schnitzkunst weit verbreitet. Riesige „Weihnachtsberge" entstanden in den Häusern mit viel Bewegung, Lichtern und Glockengeklingel. Alljährlich schuf und schafft man neue Gruppen hinzu. Die Stadt wurde 1945 von Bomben zerstört, vom alten Bürgerhausbau blieb wenig erhalten. Nur das *Bortenreutherhaus* von 1725 bezeugt noch den künstlerischen Reichtum der alten Stadt. – Das Juwel der Stadt, die *Wolfgangskirche,* brannte aus, wird aber mit großem Aufwand wiederaufgebaut. Sie ist der Nachfolgebau einer Kirche von 1477; 1515/1540 wurde dieser späteste und größte aller obersächsischen Hallenbauten mit seinen besonders schlanken, weitstehenden Pfeilern, seiner rundum laufenden Empore und dem drahtig und kühl wirkenden Sterngewölbe geschaffen. Von den Schätzen der Renaissance und des Barock sind nur die Altartafeln von Lucas Cranach d. Ä. (1539) gerettet worden.